NBA
BASKETBALL
BASICS

MARK VANCIL

Die Deutsche Bibliothek - CIP-Einheitsaufnahme

NBA-Basketball basics / Mark Vancil. - München ;
Wien ; Zürich : BLV , 1996
  Einheitssacht.: NBA basketball basics <dt.>
  ISBN 3–405–14939–8
NE: Vancil, Mark: EST

Foto auf S. 1: Charles Oakley von den New York Knicks gibt Ratschläge.

Titelfotos: NBA Photos (siehe Bildnachweis S. 126)
Übersetzung: Roland Bernecker, Axel Schulz
Deutsche Bearbeitung: Tipress/In-Folio
Layout: Judy Morgan
Umschlaggestaltung: Barry Gottlieb, NBA Properties, Inc.

BLV Verlagsgesellschaft mbH
München Wien Zürich
80797 München

Titel der amerikanischen Originalausgabe:
NBA BASKETBALL BASICS
© 1995 by NBA Properties, Inc./USA
Erschienen bei:
Sterling Publishing Company, Inc.
387 Park Avenue South, New York, N. Y. 10016

© der deutschsprachigen Ausgabe:
BLV Verlagsgesellschaft mbH, München 1996

Printed in Hong Kong · ISBN 3-405-14939-8

Inhalt

Einführung

Keine Sportart ist so schnell und fordert so viele Fähigkeiten wie Basketball. In der Defense kann ein geblockter Wurf oder ein »gestohlener« Ball zu einem Fast Break und einem Korberfolg am anderen Ende des Spielfelds führen. In der Offense kann eine schnelle Bewegung einen leichten Korb bedeuten. Gutes Dribbling und gute Paßfähigkeiten können Mitspielern freie Wurfmöglichkeiten eröffnen. In der NBA können die besten Distanzschützen hinter die Drei-Punkte-Linie treten und die abwehrende Mannschaft mit Drei-Punkte-Würfen verblüffen.

Aber lange bevor die Spieler ein Teil des Spektakels auf dem Platz werden, müssen sie zuerst bestimmte Grundtechniken erlernen. Dazu ist viel Übung und Aufmerksamkeit für das Detail nötig. Die Grundfähigkeiten des Dribbelns, Passens und Werfens sind für jeden Spieler unabdingbare Voraussetzungen, wenn er sich ständig verbessern will, egal auf welchem Niveau. Bevor Michael Jordan »fliegen« konnte und den Slam Dunk beherrschte, mußte er erst dribbeln lernen. Magic Johnson mußte erst den ein- und beidhändigen Paß erlernen, bevor er seine Mitspieler mit »blinden« Pässen bedienen konnte. Und bevor Larry Bird ein großer Drei-Punkte-Schütze wurde, mußte er erst die Würfe auf kurze Distanz meistern.

Das Dribbeln ist eine Grundfähigkeit, die jeder Spieler beherrschen muß. Es bedarf langer Übung, um den Ball mit jeder Hand einzeln sicher führen zu können. Die Spieler müssen fähig sein, den Ball mit der Wurfhand zu führen, ohne dabei die Ballkontrolle zu verlieren. Ein Spieler muß dribbeln, will er sich mit dem Ball auf dem Spielfeld bewegen. Wenn ein Spieler einmal mit dem Dribbeln aufhört, kann er nicht einfach wieder damit beginnen, es sei denn, der Ball wird ihm von einem Verteidiger aus der Hand geschlagen. Er muß passen oder auf den Korb werfen.

Die letzte Grundfähigkeit, die man beim Basketball beherrschen muß, ist der Wurf. Es kostet sehr viel Übung, um die Kunst des Wurfes in ihrer ganzen Feinheit zu erlernen, und jeder Spieler sollte den Bewegungsablauf während des Wurfes kennen und verstehen. Obwohl jüngere Spieler oft noch beide Hände zum Wurf benützen, sollte man lernen, den Ball mit einer Hand zu werfen und die andere Hand nur begleitend einzusetzen.

Da man sich beim Basketball viel bewegt, müssen die Spieler gutes Laufvermögen besitzen. Dabei kommt es nicht darauf an, sehr schnell zu laufen, man muß sich aber ohne große Mühe in alle Richtungen bewegen können.

Wenn der Superstar Shaquille O'Neal von den Orlando Magics

in den Umkleideraum kommt, ist seine Ausrüstung an ihrem Platz. Wie bei jedem anderen Spieler, der Basketball ernsthaft betreibt, umfaßt auch O'Neals Kleidung alles Notwendige. Die Ausrüstung ist in allen Umkleideräumen der NBA für jeden professionellen Spieler dieselbe, und auch du solltest auf sie achten.

Weil man bei diesem Spiel viel laufen muß, ist es ratsam, spezielle Basketballschuhe zu tragen. Wegen der vielen kurzen und schnellen Drehbewegungen sind solche Schuhe ein guter Schutz gegen Verletzungen.

Die Spieler sollten weiße Sportsocken tragen. Sie schützen vor Blasen, die sich bilden können, wenn der Fuß sich an der Innenseite des Schuhs reibt. Ebenso wichtig ist es, die Schuhe richtig zu binden. Sie sollten nicht zu fest oder zu locker geschnürt sein.

Einige Spieler tragen Schweißbänder. Diese werden normalerweise kurz über dem Handgelenk angebracht und sollen verhindern, daß Schweiß in die Hand läuft und dadurch die Ballkontrolle erschwert. Andere Spieler tragen außerdem noch Knieschützer. Patrick Ewing ist einer von ihnen; in seinem Fall sollen die Schützer verhindern, daß seine Knie mit denen von anderen Spielern zusammenstoßen, was sehr schmerzhaft sein kann. Meistens wird allerdings ohne Knieschützer gespielt.

Wenn die Spieler umgezogen sind, betreten sie das Spielfeld. Bevor sie tatsächlich mit dem Werfen oder Laufen beginnen, machen sie immer einige Aufwärmübungen, und das solltest du genauso machen. Normalerweise bestehen diese Übungen aus leichtem Warmlaufen und Dehnen der Beine und des Rückens. Dieses Stretching ist wichtig, um die Muskeln vor Zerrungen und anderen Verletzungen zu schützen. Es fördert außerdem die Muskeldurchblutung, wodurch der Spieler beweglicher wird.

Der Center der Houston Rockets, Hakeem Olajuwon, bei einem beidhändigen Dunk.

Hakeem Olajuwon von den Houston Rockets dehnt sich vor jedem Spiel.

Setze dich mit gegrätschten Beinen auf den Boden und strecke die linke Hand zu den Zehen des rechten Fußes. Führe die Bewegung langsam und nicht ruckartig aus. Wiederhole das Ganze auf der anderen Seite. Führe die rechte Hand zu den Zehen des linken Fußes. Achte darauf, daß die Beine durchgestreckt sind. Das ist nur eine kurze Dehnübung, später werden noch weitere genannt.

Ein NBA-Spielfeld ist 28,5 m (94 Feet) lang und 15 m (50 Feet) breit. Es ist in der Mitte in zwei gleich große Hälften geteilt. Das angreifende Team hat zehn Sekunden Zeit, um den Ball über die Mittellinie zu bringen, nachdem ein Korberfolg, ein Fehlwurf oder ein Ballverlust der gegnerischen Mannschaft erfolgt ist. In jeder Spielklasse befindet sich der Ring des Korbs exakt 3,05 m (10 Feet) über dem Boden. Der Korb befindet sich über der Freiwurfzone, die farblich markiert ist und sich von der Auslinie bis zur Freiwurflinie erstreckt. In der NBA ist dieser Bereich 3,65 m (12 Feet) breit und wird als Lane bezeichnet.

Die Entfernung von der Freiwurflinie zum Korb beträgt genau 4,5 m (15 Feet). Wenn also ein Hallensprecher von einem erfolg-

Auch du solltest dich
vor dem Training oder
Spiel aufwärmen.

Denke daran, dich langsam
zu dehnen, um Verletzungen
zu vermeiden.

reichen »4,5-m-Sprungwurf« spricht, hat der Spieler den Korb aus der Freiwurfdistanz getroffen.

Grundregel: Ein Spieler der angreifenden Mannschaft darf sich mit keinem Körperteil länger als drei Sekunden in der Freiwurfzone aufhalten. Befindet sich auch nur ein Teil seines Fußes länger als drei Sekunden dort, kann der Schiedsrichter gegen seine Mannschaft auf einen Regelverstoß erkennen. Der Ball geht dann an die abwehrende Mannschaft über. Es gibt keine Beschränkung dafür, wie lange sich ein abwehrender Spieler in der Zone aufhalten darf.

Eine andere wichtige Linie im Basketball ist die Drei-Punkte-Linie. Sie verläuft in einem Halbkreis vor dem Korb. Wenn ein Spieler hinter dieser Linie stehend einen Korb erzielt, zählt dieser drei statt zwei Punkte. Alle anderen Feldkörbe zählen zwei Punkte. Freiwürfe zählen jeweils einen Punkt.

Für einen Drei-Punkte-Wurf müssen sich die Spieler jedenfalls hinter der Drei-Punkte-Linie befinden. Wenn sich auch nur eine Zehe auf der Linie befindet, zählt der Wurf lediglich zwei Punkte. In den USA gibt es im Jugendbereich in den unteren Klassen meist keine Drei-Punkte-Linie. An der High-School und am College ist die Drei-Punkte-Linie 6 m vom Korb entfernt, in der NBA beträgt die Distanz 6,7 m (22 Feet).

Wenn man umgezogen ist, sich aufgewärmt und mit dem Spielfeld vertraut gemacht hat, braucht man bestimmte Grundfähigkeiten, um das Spiel zu beginnen. Die folgenden Kapitel zeigen dir diese »Basics«, um deine Fertigkeiten zu verbessern. Aber denk daran: Nur Übung macht den Meister.

Das Handling des Balls

Vorherige Seite: **Kevin Johnson, Point Guard der Phoenix Suns, versucht, an einem Abwehrspieler vorbeizudribbeln.**

Erfolg im Basketball stützt sich auf die richtige und effektive Ausführung bestimmter Grundlagen. Größe, Körperkraft und angeborenes Talent helfen einem Spieler nur beschränkt weiter. Die besten Spieler, wie die ehemaligen NBA-Stars Michael Jordan, Larry Bird und Magic Johnson, sind die, welche die Basics perfekt beherrschen. Dies ist für den einzelnen Spieler genauso wichtig wie Teamwork für den Erfolg einer Mannschaft.

Eine der bedeutendsten Grundlagen in der Entwicklung eines Spielers ist das Dribbeln. Für kleinere Spieler ist diese Fähigkeit wesentlich, um gegen größere Spieler zu bestehen und sich selbst in Wurfposition bringen zu können. Für größere Spieler kann sie den Unterschied zwischen einem guten und einem exzellenten Spieler ausmachen.

Ein Garant für eine erfolgreiche Offense ist eine Mannschaft, die sicher am Ball ist. Spieler mit guter Balltechnik sind wichtig, um den Fast Break zu führen, aufzubauen und die Verteidigung auszuspielen. Mit anderen Worten: Egal, ob man groß oder klein, schnell oder langsam ist, jeder Spieler muß mit dem Ball umgehen können.

Es gibt fünf verschiedene Arten des Dribblings, die ein Spieler üben und beherrschen sollte. Bei jedem dieser Dribblings solltest du den Ball immer mit den Fingerspitzen spielen, nicht mit der Handfläche. Spreize die Finger ein wenig und benütze sie, um den Ball zu kontrollieren. Du solltest lernen, den Ball mit jeder Hand zu führen, ohne dabei hinzuschauen. Am besten sollte der Ball nicht über Hüfthöhe vom Boden zurückspringen. Beuge dabei deinen Körper ein wenig nach vorn und gehe etwas in die Knie.

1. KONTROLLIERTES DRIBBLING

Diese Art des Dribblings wird benützt, wenn man von einem Verteidiger eng gedeckt wird. Du solltest deinen Körper zwischen den Ball und deinen Gegenspieler bringen. Prelle den Ball dabei etwas von deinem Körper entfernt gegen den Boden. Dies macht es dem Gegenspieler viel schwerer, dir den Ball abzujagen. Benütze auch die freie, also am Dribbling nicht beteiligte Hand, um den Ball zusätzlich abzuschirmen.

Indem du den Kopf hochhältst und den Blick vom Ball nimmst, kannst du nach Mannschaftskameraden schauen oder eine eigene Durchbruchsmöglichkeit erkennen. Diese Art des Dribblings ist das Fundament deines Spiels.

2. SPEED DRIBBLING

Es wird meistens dann angewendet, wenn der Spieler nicht eng gedeckt wird. Das Speed

**Point Guard Gary
Payton von den Seattle
SuperSonics ist ein
Meister im Speed
Dribbling.**

Dribbling wird also bei Fast Breaks, schnellen Vorstößen zum
Korb oder nach Ballverlusten benützt. Dabei wird der Ball vor
dem Körper nach vorn geprellt, während der Spieler in vollem
Lauf ist.

Das Tempodribbel ermöglicht es, sich schnell auf dem Spielfeld
hin und her zu bewegen, wenn man den Platz dazu hat. Es ist
wichtig, dabei so viel Sicherheit zu entwickeln, daß man es mit
jeder Hand gleich gut beherrscht, ohne auf den Ball zu
schauen.

Tim Hardaway, Point Guard der Golden State Warriors, ist der schnellste Crossover Dribbler in der NBA.

3. REVERSE DRIBBLING

Das Reverse Dribbling oder Dribbling mit Körperdrehung erlaubt es dir, die Richtung zu ändern und dabei immer den Körper zwischen dem Ball und dem Gegenspieler zu halten.

Wenn du den Ball mit der rechten Hand führst und nach links die Richtung ändern möchtest, ist der Reverse die beste Möglichkeit. Stoppe einfach ab, stelle dich auf den linken Fuß und drehe dich in die entgegengesetzte Richtung, mit dem Rücken zum Gegner. Wechsle während der Drehung das Dribbling von der rechten zur linken Hand und führe dabei den Ball nah am Körper.

4. CROSSOVER DRIBBLING

Tim Hardaway von den Golden State Warriors gilt als Meister des Crossover Dribblings, bei dem der Ball von einer Hand zur anderen geprellt wird, während man seinem Gegenspieler gegenübersteht. Wenn du zum Beispiel nach rechts dribbelst und eine schnelle Bewegung nach links machen möchtest, dann gehst du mit dem linken Fuß nach hinten und wechselst den Ball von der rechten in die linke Hand. Je tiefer der Ball dabei geprellt wird, um so schneller ist das Crossover. Auch hier sollte der Ball mit den Fingerspitzen und nicht mit der Handfläche geführt werden.

Da der Gegenspieler nicht weiß, in welche Richtung man sich wenden will, ist das Crossover Dribbling die effektivste Art, um mit einer Richtungsänderung an ihm vorbeizukommen. Es kann auch zur besseren Ballsicherung verwendet werden. Mehr als bei allen anderen Arten des Dribblings ist die Schnelligkeit der Schlüssel des Crossover Dribblings. Jeder NBA-Spieler benützt dieses Dribbling, besonders wenn er eine Bewegung zum Korb hin machen möchte.

5. DRIBBLING MIT TEMPOWECHSEL

Diese Art des Dribblings eignet sich für fortgeschrittenere Spieler. Wenn du die anderen vier Arten des Dribblings gemeistert hast, wird dir der Sprung zum Dribbling mit Tempowechsel nicht schwerfallen. Die Idee ist einfach: Ändere das Tempo deines Dribblings und bringe dadurch den Gegenspieler aus dem Gleichgewicht. Man kommt leichter an einem Gegenspieler vorbei, wenn er schlecht postiert ist oder aus dem Gleichgewicht gerät.

Dribble zum Beispiel mit halber Geschwindigkeit nach rechts. Wenn der Verteidiger sich an deine Geschwindigkeit angepaßt hat, dann erhöhe sie und dribble an ihm vorbei. Nur wenige Verteidiger können mithalten, wenn der Tempowechsel perfekt ausgeführt wird, besonders wenn es sich dabei um einen Angriff auf den Korb handelt. Übe den Wechsel von einem langsamen zu einem schnellen Tempo und wieder zurück zu einem langsamen.

Grundregel: Der dribbelnde Spieler darf den Ball nicht mit beiden Händen gleichzeitig bewegen oder ihn zwischen dem Prellen in der Hand »tragen«. Um nicht wegen unerlaubten Führens (»Carrying« oder »Palming«) des Balls abgepfiffen zu werden, sollte man während des Dribbelns die Handflächen zum Boden gewendet halten.

Muggsy Bogues von den Charlotte Hornets benützt das Reverse Dribbling gegen Rex Chapman von den Washington Bullets.

Dribbeln im Gehen

Anfänger sollten sich mit dem Ball vertraut machen, indem sie beim Dribbeln das Spielfeld auf und ab gehen. Das Ziel dieser Übung ist die Ballkontrolle. Suche dir einen Punkt an der gegenüberliegenden Wand des Spielfelds und dribble mit der rechten Hand auf diesen Punkt zu. Halte deinen Kopf hoch und schaue die ganze Zeit auf diesen Punkt. Auf dem Rückweg suchst du dir einen neuen Punkt und dribbelst mit der linken Hand.

Es wird eine Weile dauern, bis du es mit jeder Hand gleich gut kannst. Du darfst nicht vergessen: Um ein guter Angreifer zu werden, mußt du mit beiden Händen dribbeln können. Wenn es dir keine Probleme mehr macht, im Schrittempo gerade über das Feld zu dribbeln, versuche dasselbe in langsamem Lauftempo. Werde schneller, sobald es dir gelingt, dich ohne Verlust der Ballkontrolle über das Spielfeld zu bewegen.

Halte dabei den Kopf hoch und benütze die linke Hand mindestens genausooft wie die rechte.

Point Guard Anfernee »Penny« Hardaway von Orlando Magic wendet das Dribbling im Gehen an, um den Ball nach vorn zu bringen.

Einzelübungen

Handling des Balls

Stelle dich etwa einen Meter von einer Wand entfernt auf und halte den Ball mit beiden Händen über deinen Kopf. Prelle nun den Ball mit der rechten Hand zehnmal gegen die Wand, danach zehnmal mit der linken Hand. Diese Übung kann anfangs schwerfallen, aber sie hilft, das nötige Gefühl für den Ball zu entwickeln. Vergiß nicht, die Fingerspitzen zu benützen.

Drehbewegung beim Reverse Dribbling

Stelle einen Stuhl auf die Freiwurflinie. Stell dir vor, das sei ein Verteidiger. Dribble nun abwechselnd mit der rechten und der linken Hand auf den Stuhl zu. Wenn du mit der rechten Hand dribbelst, dann setze deinen linken Fuß auf, sobald du den Stuhl erreicht hast, und drehe dich. Wechsle den Ball zur linken Hand und setze deine Bewegung in Richtung Korb fort, wo du sie mit einem Korbleger beendest.

Führe diese Übung mit beiden Händen durch. Das Reverse Dribbling ist eine sehr wirksame Bewegung, besonders wenn man eng gedeckt wird.

Setze den der dribbelnden Hand gegenüberliegenden Fuß fest auf.

Wechsle die Hand, während du dich drehst.

**Dribble um deinen
Gegner herum . . .**

**. . . und auf
den Korb zu.**

Achterübung

Dies ist eine hervorragende Übung für Spieler aller Leistungsstärken. Gehe dabei leicht in die Knie, die etwa in Schulterbreite auseinanderstehen, und beuge den Oberkörper etwas nach vorn. Nimm den Ball jetzt in die rechte Hand und führe ihn in einer Achterbewegung zwischen deinen beiden Beinen hindurch. Dabei wird der Ball von der einen in die andere Hand übergeben.

Achte darauf, daß du einen festen Stand hast, und beginne langsam. Sobald es dir leichter fällt, den Ball zwischen deinen Beinen hindurch in die andere Hand zu übergeben, erhöhe die Geschwindigkeit. Wenn du die Achterbewegung gemeistert hast, dann versuche, den Ball in einer Kreisbewegung um deinen Körper herumzuführen. Beginne an den Knöcheln und führe den Ball mit Hilfe von beiden Händen um sie herum. Versuche das gleiche um deine Knie und dann um deine Hüfte. Beginne dabei erst langsam und steigere dann immer mehr die Geschwindigkeit.

**Führe den Ball
durch deine Beine nach
hinten . . .**

**. . . in deine andere
Hand. Bringe den Ball
wieder nach vorn . . .**

. . . und andersherum
durch die Beine nach
hinten.

Wenn du sicher
geworden bist, erhöhe
das Tempo.

Während du dich dem Stuhl näherst, bereite dich auf einen Richtungs- und Handwechsel vor.

Wechsle den Ball von einer Hand in die andere.

Crossover Dribbling

Fortgeschrittene Spieler sollten Crossover Dribbling verbessern.

Stelle dazu einige Stühle in verschiedenen Abständen auf dem Spielfeld oder auf der Straße auf. Dribble jetzt auf die Stühle zu, so als wären es Verteidiger. Wechsle den Ball kurz vor jedem Stuhl von der einen in die andere Hand und gehe am Stuhl vorbei. Konzentriere dich dabei auf die schnelle Bewegung, während du den Ball unter Kontrolle hältst.

Vergiß nicht, den Ball so tief wie möglich zu halten, wenn du die Hand wechselst. Lerne, die Bewegung schnell durchzuführen.

**Dribble tief
und kontrolliert.**

**Halte beim
Dribbeln Abstand zum Stuhl.**

Einer gegen einen

Die Spieler stellen sich an einem Ende des Spielfelds in drei oder vier Reihen auf. Der erste Spieler jeder Reihe wird zu einem Verteidiger, der zweite wird zum ballführenden Spieler.

Während sich die Paare in einem etwa 3 m breiten Korridor bewegen, muß der ballführende Spieler versuchen, das Spielfeld gegen den abwehrenden Spieler zu durchqueren. Da der ballführende Spieler nicht die ganze Breite des Spielfelds zur Verfügung hat, ist er gezwungen, die verschiedenen Grundarten des Dribblings anzuwenden, um am anderen Ende des Spielfelds anzukommen. Der Spieler muß dabei beide Hände benützen. Wenn beide Spieler das Ende des Spielfelds erreicht haben, werden die Rollen getauscht. Es kommt bei dieser Übung darauf an, den Ball vor dem Verteidiger abzuschirmen, ohne den Blick auf den Boden zu heften.

Press Breaker

Dies ist eine Übung für Spieler, die keine Probleme mehr mit den Grundlagen-Dribbeln haben. Es werden dabei drei bis fünf Verteidiger auf dem Spielfeld verteilt. Der Spieler mit dem Ball beginnt unter dem Korb. Während die Verteidiger versuchen, ihn in die Ecken zu drängen und somit zu »fangen«, muß der ballführende Spieler seinen Blick oben halten und sich über die Spielfläche durch die Abwehr hindurcharbeiten. Er darf dabei weder das Dribbling abbrechen noch den Ball verlieren.

Achte darauf, daß du mit beiden Händen übst. Die besten Spieler beherrschen den Ball mit beiden Händen gleich gut.

Löse deinen Blick vom Ball und halte den Kopf hoch.

Führe den Ball mit den Fingerspitzen und nicht mit der Handfläche.

Versuche, den Ball beim Dribbling nicht über Hüfthöhe springen zu lassen.

Wenn du eng gedeckt wirst oder dich auf den Korb zu bewegst, laß den Ball nicht über Kniehöhe springen. Auf die Kontrolle kommt es an.

Tips für das Training

Der Paß

Ein gutes Paßspiel ist genauso wichtig für den Erfolg einer Mannschaft wie das Punkten oder die Abwehr. Tatsächlich ist neben dem Handling des Balls und dem Werfen das Passen die wichtigste Grundlage überhaupt im Basketball.

Warum? Weil das Passen der Schlüssel zu einem guten Angriffsspiel ist. Ein guter Paßgeber kann für seine Mannschaftskameraden sichere Korbgewinne herausspielen. Eine Mannschaft mit guten Paßgebern nimmt die beste Abwehr auseinander. Schau dir die großen Mannschaften an: Meist gruppieren sie sich um einen herausragenden Paßgeber.

Als die Boston Celtics und die Los Angeles Lakers in den achtziger Jahren um den NBA-Titel kämpften, hielt man Larry Bird von den Celtics und Magic Johnson von den Lakers für zwei der besten Paßgeber der Basketball-Geschichte. Mit Isiah Thomas gewannen die Detroit Pistons zwei NBA-Titel, wozu maßgeblich seine Führungsrolle in der Offense und seine brillanten Paßfähigkeiten beitrugen. Die Chicago Bulls waren ein perfektes Beispiel für eine Mannschaft, die auf allen fünf Positionen über solide Paßgeber verfügte.

Wenn man über Spieler spricht, die ihre Mannschaftskameraden besser aussehen lassen, bezieht sich das meist auf gute Paßgeber. Selbst der Superstar Karl Malone von den Utah Jazz ist sich nicht sicher, was für ein Spieler er ohne die Pässe seines Mannschaftskameraden John Stockton wäre.

»Ich will es auch gar nicht herausfinden«, sagt Malone.

Wie das Handling des Balls und das Werfen, so beruht auch das Passen auf der sauberen Ausführung bestimmter Grundtechniken. Obwohl es eine Reihe von verschiedenen Paßarten gibt, gehen sie alle auf die gleichen Grundlagen zurück.

Die wichtigste ist die, daß beim Passen die Fingerspitzen benützt werden und nicht die Handfläche. Bevor Mike Dunleavy Trainer wurde, war er ein NBA-Spieler, der im Lauf seiner Karriere alle grundlegenden Pässe erlernt hat.

»Es gibt zwei grundlegende Pässe, die jeder Spieler erlernen und effektiv anwenden können muß«, sagt Dunleavy. »Das eine ist der beidhändige Brustpaß und das andere der beidhändige Bodenpaß. Die Grundlagen sind bei beiden dieselben. Man muß den Ball mit den Fingerspitzen halten.«

Der beste Platz, an dem der Ball vor einem Dribbling, einem Paß oder einem Wurf gehalten wird, ist vor dem Brustkasten, und zwar mit beiden Händen. Dunleavy nennt dies die »triple threat position« (Position der dreifachen Drohung): Schießen, Passen und Dribbeln (SPD-Stellung).

»Wenn man den Ball mit beiden Händen in dieser Position

Gegenüberliegende Seite: **Der frühere Star der Boston Celtics Larry Bird wirft einen beidhändigen Überkopfpaß zu einem Mitspieler.**

Point Guard John Stockton von den Utah Jazz ist einer der besten Paßgeber aller Zeiten.

Der Power Forward der New Jersey Nets, Derrick Coleman, wirft einen beidhändigen Brustpaß.

Bist du in der SPD-Stellung, kannst du dribbeln, passen oder werfen.

hält, gibt es nichts, was man nicht tun kann«, sagt Dunleavy. »Man kann am Verteidiger vorbeidribbeln, man kann zu einem Sprungwurf ansetzen, wenn der Verteidiger genug Platz läßt, oder man kann den Ball passen. Von dieser Stellung aus kann man auch jede einzelne dieser Aktionen antäuschen, bevor man tatsächlich eine Bewegung macht oder den Ball paßt.«

Point Guard Mark Price von den Cleveland Cavaliers wirft einen einhändigen Paß zu einem Mitspieler.

DER BEIDHÄNDIGE BRUSTPASS Spreize die Finger jeder Hand über beide Seiten des Balls. Stoße den Ball mit einer vollständigen Ausstreckbewegung der Arme weg von der Brust. Klappe die Handgelenke nach außen weg, so daß die Handrücken sich gegenüberliegen. Durch das Wegklappen der Handgelenke erhält der Ball einen Rückwärtsdrall (»backspin«), wodurch der Paß sowohl für dich als auch für den annehmenden Mitspieler leichter zu kontrollieren ist. Vergiß nicht, daß die Handflächen vom Körper weg zeigen.

DER BEIDHÄNDIGE BODENPASS Beim Bodenpaß ist der Bewegungsablauf genau derselbe. Der einzige Unterschied ist, daß du dir einen Punkt auf dem Boden vorstellen mußt, der in Dreiviertel der Strecke zwischen dir und dem anzuspielenden Mitspieler liegt. Versuche, den Ball dort aufspringen zu lassen.

»Um den Paß noch genauer werden zu lassen, gehe dem imaginären Punkt oder deinem Mitspieler einen Schritt entgegen«, empfiehlt Dunleavy. »Der Bodenpaß sollte den Mitspieler etwa in Hüfthöhe erreichen. Er sollte weder oberhalb der Hüfte noch unterhalb der Knie ankommen. Ein zu tiefer Paß ist schwer entgegenzunehmen, während ein zu hoher Paß leicht vom Gegenspieler ›gestohlen‹ werden kann.«

DER BEIDHÄNDIGE ÜBERKOPFPASS Dieser Paß wird oftmals vom Centerspieler oder von großen Spielern beim Beginn eines Fast Breaks angewendet. Aber er kann auch von anderen Spielern jeder Größe als wirkungsvoller Paß eingesetzt werden. Mit ihm sichert man nicht nur den Ball gegen den Verteidiger, sondern er ist auch einfach zu kontrollieren. Wieder wird dieselbe Grundtechnik angewendet. Halte den Ball mit beiden Händen über den Kopf und bringe die Hände nach vorn und unten, wobei auch hier wie beim Brustpaß beide Handgelenke nach außen geklappt werden.

Um die Genauigkeit zu verbessern, mache einen kleinen Schritt in Zielrichtung des Passes. Folge der Bewegung und bringe die Handflächen nach außen.

Für bessere Spieler gibt es noch eine Reihe von anderen Pässen, die während eines Spieles benützt werden können. Du solltest allerdings erst mit dem Üben dieser Pässe beginnen, wenn du den beidhändigen Brustpaß, den Bodenpaß und den Überkopfpaß sicher beherrschst.

Der beidhändige Brustpaß . . .

. . . beginnt mit den gespreizten Fingern beider Hände.

Stoße den Ball von der Brust weg und . . .

. . . folge der Bewegung durch das Wegklappen der Hände nach außen.

DER PASS AUS DEM DRIBBLING
Vermutlich beherrscht niemand auf der Welt den »off-the-dribble pass« besser als John Stockton.

Anstatt den Ball zu einem weiteren Dribbling auf den Boden zu prellen, bringt Stockton seine Hand hinter den Ball und stößt ihn in Form eines Passes seinem Mannschaftskameraden entgegen.

Dies ist wohl die schnellste Art, einen Paß zu spielen, da man keine Vorbereitung dafür braucht. Für den Verteidiger ist es sehr schwer, dem Paßgeber diesen Ball abzunehmen, da er gewöhnlich mit einem weiteren Dribbling rechnet.

John Stockton von den Utah Jazz leitet einen Paß aus dem Dribbling ein.

Charles Barkley, Forward der Phoenix Suns, bereitet einen Baseballpaß über das ganze Spielfeld vor.

DER BASEBALLPASS

Der Baseballpaß wird vorwiegend als langer Paß benützt. Bringe den Ball hinter den Kopf, etwa kurz hinter das Ohr. Halte den Ball nicht zu weit hinten, sondern nahe am Kopf, damit du ihn besser kontrollieren kannst. Die Wurfbewegung gleicht der eines Baseballspielers. Folge der Bewegung, indem du das Handgelenk nach unten klappst. Wenn deine Hand nach rechts oder links umklappt, dann geht auch der Paß in diese Richtung. Das Nachklappen

Der beidhändige Paß ist für Eric Murdock, den Point Guard der Milwaukee Bucks, eine starke Waffe.

des Handgelenks nach unten verhindert den »Kurvenball-Effekt«, wie Dunleavy ihn nennt.

PASS HINTER DEM RÜCKEN

Obgleich einige ihn als »Mode-Paß« bezeichnen, setzen viele Spieler diesen Paß mit großem Erfolg ein. Er kann sowohl aus dem Dribbling als auch aus dem Stand als auch in der Bewegung zum Korb geworfen werden. Wenn er sauber gespielt wird, ist der »behind-the-back pass« sehr schwer abzuwehren.

Um diesen Paß zu üben, mußt du dich mit parallelen Füßen aufstellen. Führe den Ball mit der rechten Hand leicht unterhalb der Ballmitte um deinen Rücken herum. Wie immer folgt die Hand der Bewegung des Balls. Bevor du versuchst, diesen Paß im Spiel anzuwenden, mußt du ihn mit jeder Hand ausgiebig üben.

LOB ODER ALLEY-OOP-PASS

Dieser Paß ist sehr schwer zu erlernen.

Obwohl er auf College- und NBA-Ebene oft gespielt wird, ist für ihn ein annähernd perfektes Timing nötig. Der Paß wird gewöhnlich einem laufenden Spieler oder einem Mitspieler zugeworfen, der gerade in der Nähe des Korbs hochspringen will. Er kann auch benützt werden, um über einen Verteidiger hinwegzupassen, der einen Mannschaftskameraden zu eng deckt. In der NBA wird der Lob aus dem Dribbling heraus hoch in Richtung Korb gespielt. Das Timing muß genau sein, da der empfangende Spieler seinerseits seinen Sprung auf den Paß abstimmt, um den Ball anschließend in einer Bewegung zu fangen und in den Korb zu legen oder zu schlagen (Dunking).

Bei einem Fast Break kann der Lob zu einem Spieler gepaßt werden, der sich bereits im Rücken der Abwehr befindet. Dies erfordert wiederum perfektes Timing. Im idealen Fall wird dieser Paß in einem leichten Bogen gespielt. So kann der ballempfangende Spieler darunter hindurchlaufen und den Ball in voller Bewegung zum Korb aufnehmen.

Shawn Kemp, Forward der Seattle SuperSonics, erhält einen Alley-Oop und dunkt ihn.

Zielgenaues Passen

Diese ist eine der wenigen Paßübungen, die Spieler auch allein durchführen können.

Suche dir auf einer Wand mindestens drei Punkte in verschiedener Höhe aus. Beginne aus etwa 3 m Entfernung, diese Punkte mit beidhändigen Brustpässen, beidhändigen Bodenpässen und beidhändigen Überkopfpässen zu treffen.

Versuche dir vorzustellen, du wärst in einem Spiel und würdest diese Pässe einem Mannschaftskameraden zuspielen. Konzentriere dich darauf, jedesmal den Punkt zu treffen. Wirf mindestens zehn Bälle auf jeden der drei Punkte. Nach dieser ersten Serie gehst du zwei Schritte zurück und wirfst die nächste Serie. Übe weiter, bis du etwa 6 m von der Mauer entfernt bist.

Einzelübungen

Versuche, immer den gleichen Punkt an der Wand zu treffen . . .

. . . mit jedem der beidhändigen Pässe . . .

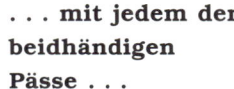

. . . und jeweils mindestens zehnmal.

Linien-Passen

Bildet zwei Spielerreihen, wobei sich die jeweils ersten Spieler gegenüberstehen. Die Reihen sollten etwa 3 bis 3,5 m voneinander entfernt sein.

Der erste Spieler aus Reihe 1 spielt einen beidhändigen Brustpaß zum ersten Spieler aus Reihe 2. Nachdem der Spieler aus Reihe 1 den Paß gespielt hat, läuft er an das Ende der Reihe 2. Der Spieler, der den Ball empfangen hat, wirft nun ebenfalls einen beidhändigen Brustpaß zu dem ihm gegenüberstehenden Spieler. Dann läuft auch er an das Ende der ihm gegenüberliegenden Reihe.

Nachdem jeder Spieler einen Paß aus dieser Distanz geworfen hat, ist die Übung vorbei. Die Distanz wird um 2,5 bis 3 m vergrößert und die Übung wiederholt. Dann erfolgt sie ein drittes Mal mit einem wieder um 2,5 bis 3 m vergrößerten Abstand.

Wenn die Übung mit allen Entfernungen durchgeführt wurde, wird sie mit dem beidhändigen Bodenpaß und dem beidhändigen Überkopfpaß ausgeführt.

Grundregel: Die Spieler dürfen nicht mehr als eineinhalb Schritte machen, ohne dabei den Ball zu passen.
Wenn mehr als eineinhalb Schritte gemacht werden, wird die Regelverletzung »Schritte« angesagt. Der Ball geht dann an die andere Mannschaft über.

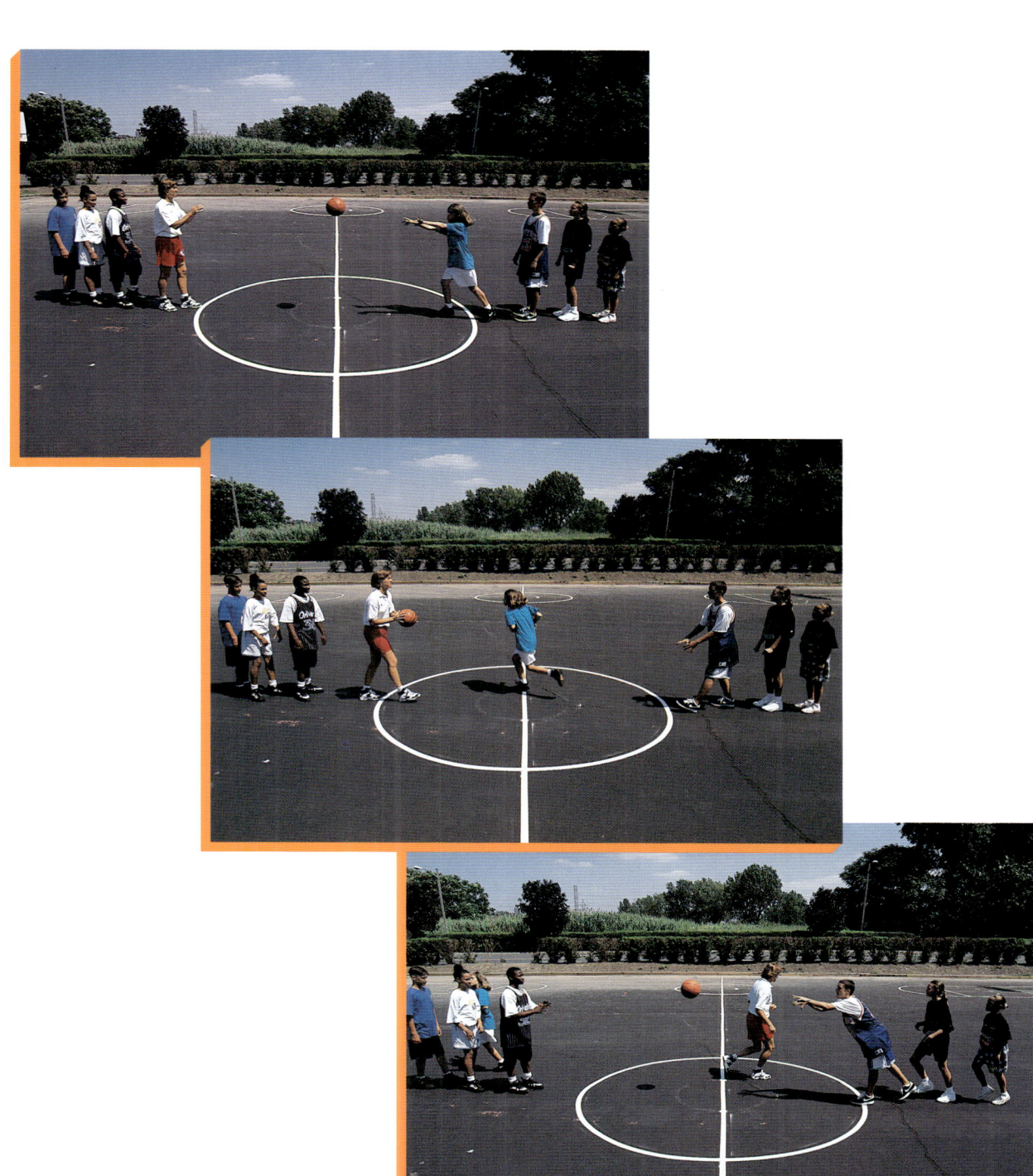

Achterlauf

Beginnt mit drei Reihen von Spielern, die im gleichen Abstand an einem Ende des Spielfelds aufgestellt sind. Der mittlere Spieler hat den Ball und paßt ihn zu dem Spieler nach rechts, der zur Mitte läuft. Zugleich läuft der mittlere Spieler hinter dem anderen nach rechts und bewegt sich nach vorn auf die gegenüberliegende Spielfeldseite zu.

Der Spieler, der rechts angefangen hatte, spielt den Ball nun zu dem Spieler auf der Linken, der etwas vor ihm zur Mitte gelaufen ist. Danach läuft er hinter dem Spieler nach links und bewegt sich weiter in Richtung Korb. Der Spieler, der links begann, befindet sich nun in der Mitte und setzt die Übung wie zu Beginn fort, während sich alle drei das Spielfeld hinunterbewegen.

Der Ball sollte bei der Übung nicht den Boden berühren. Wenn die Spieler an den Korb kommen, schließt der Spieler, der den letzten Paß bekommt, mit einem Korbleger ab und läuft weiter zur anderen Seite. Der Paßgeber läuft zur gegenüberliegenden Seite, der dritte Spieler holt den Rebound. Nach demselben Muster geht es das Spielfeld zurück; nach einem abschließenden Korbleger sind die nächsten drei Spieler an der Reihe.

Um die Übung interessanter zu gestalten, versucht, 21mal in Folge hin- und herzulaufen, ohne dabei den Ball zu verlieren oder einen Korb zu vergeben. Diese Übung kann auch als Konditionstraining eingesetzt werden.

FAST-BREAK-ÜBUNG Auch diese Übung kombiniert Ballhandling, Passen und Konditionstraining.

Eine Reihe Spieler steht unter dem Korb. Eine andere postiert sich entweder rechts oder links auf der Verlängerung der Freiwurflinie, die zur Außenlinie führt. Mit einem Wurf des Trainers oder eines weiteren Spielers beginnt die Übung. Die ersten zwei Spieler unter dem Korb gehen in die Rebound-Position. Der Spieler, der sich den Rebound holt, paßt den Ball mit einem beidhändigen Überkopfpaß zum ersten Spieler auf der Außenposition in der Nähe der Freiwurflinie und läuft hinter ihm zum gegenüberliegenden Korb. Der andere Spieler läuft auf der anderen Seite zum gegenüberliegenden Korb, während der ballführende Spieler in der Mitte des Spielfelds hinunterdribbelt.

An der Freiwurflinie angekommen, wirft er den Ball mit einem beidhändigen Bodenpaß einem der anderen Spieler zu, der mit einem Korbleger abschließt. Eine Übung ist beendet, wenn sich alle Spieler auf der anderen Seite des Spielfelds befinden. Danach beginnt sie von neuem.

Der Spieler, der von links in die Mitte läuft, bekommt den Ball vom mittleren Spieler, der dann hinter ihm nach links läuft.

Der Spieler, der links begonnen hat, paßt den Ball zum rechten Spieler.

Der Spieler, der rechts begann, geht in die Mitte und paßt . . .

. . . zu dem Spieler, der jetzt von links wieder in die Mitte läuft, um zu passen oder auf den Korb zu werfen.

Spiele den Ball mit den Fingerspitzen und halte
ihn nicht mit der Handfläche.

Führe jede Paßbewegung vollständig aus.

Bei den beidhändigen Pässen müssen die
Handgelenke nach dem Passen nach außen
weggeklappt werden.

Pässe sollen schnell, entschieden und so gezielt
gespielt werden,
daß die Mannschaftskameraden
sie ohne Probleme annehmen können.

Der Wurf

Nach Dunleavy beginnt jeder Wurf mit der Grundstellung. Bringt man sich in die richtige Wurfposition, zielt man genauer und hat mehr Erfolg bei Distanzwürfen.

DIE GRUNDSTELLUNG

»Bevor man wirft, ist es sehr wichtig, die Grundstellung zu beachten«, sagt Dunleavy, der ein guter Schütze war und dies in einer ganzen Reihe von NBA-Teams unter Beweis stellen konnte. »Zuerst muß man seinen Körper frontal zum Korb bringen. Eine Stellung frontal zum Korb ist die beste Voraussetzung für die gesamte Wurfbewegung. Die Füße sind zum Korb hin gerichtet, und das Körpergewicht ist gleichmäßig auf beide Beine verteilt, damit man über ein gutes Gleichgewicht verfügt. Wenn man mit der rechten Hand wirft, ist es hilfreich, den rechten Fuß ein wenig vor den linken zu stellen. Wenn man mit der linken Hand wirft, dann stellt man den linken Fuß ein wenig nach vorn. Der vordere Fuß sollte jedoch nie mehr als 10 bis 12 cm vor dem hinteren Fuß stehen.«

So weit die Grundstellung für Beine und Füße. Um zu kontrollieren, ob man die Stellung korrekt eingenommen hat und ein stabiles Gleichgewicht besitzt, hat Dunleavy einen einfachen Test. Nimm die Wurfstellung ein und bitte einen Mannschaftskameraden, dich mit einem oder zwei Fingern leicht gegen die Brust zu stoßen. Wenn du nach hinten fällst, stehen deine Füße zu dicht zusammen. Ist ein Fuß etwas vor den anderen gesetzt, fällst du nicht zurück. Warum ist das Gleichgewicht so wichtig beim Wurf? Nun, die ganze Kraft für den Wurf kommt nicht aus deinen Armen, sondern aus deinen Beinen.

»Wenn deine Füße sicher stehen, dann strecke deinen Hintern ein bißchen heraus und nimm deinen Kopf über den Ball«, rät Dunleavy.

Um dein »Ballführungssystem« in Stellung zu bringen, strecke den Wurfarm aus und lege den Ball in die Handfläche. Wenn der Ball bequem gehalten wird, führe ihn nach oben, wie ein Kellner, der ein Tablett trägt. Balanciere den Ball mit den Fingern und bringe ihn neben den Kopf in die Nähe der Schulter.

DER WURF

Nun versuche, den Ball aus dieser Position heraus mit einer Hand zu werfen. Vergewissere dich, daß du nah genug am Korb stehst. Wirf den Ball gerade, während du den Arm voll durchstreckst, bis der Ellbogen gerade ist. Beende diese Bewegung, indem du das Handgelenk kräftig nach unten wegklappst. Wenn der Ellbogen und der restliche Körper eine Linie ergeben, fliegt der Ball gerade nach oben in Richtung Korb.

Es ist sehr wichtig, daß der Ball mit den Fingerspitzen geworfen wird. Wenn das Handgelenk nach unten wegklappt, sollte der Ball über die Fingerspitzen abrollen. Das führt zu einem Rückwärtsdrall des Balles. Der Mittelfinger hat normalerweise den letzten Kontakt mit dem Ball.

Wirf den Ball nie mit der Handfläche. Und halte den Ellbogen nah am Körper. Wirf nicht mit einem vom Körper weg zeigenden Ellbogen.

Wenn du im Wurf mit einer Hand aus der Grundstellung sicherer geworden bist, solltest du beginnen, den Ball in die natürliche Wurfposition mit beiden Händen zu bringen, sei es aus dem Dribbling heraus oder nach dem Paß eines Mitspielers. »Du mußt die ganze Bewegung immer auf dieselbe Weise vollziehen«, meint Dunleavy. »Es sollte bei jedem Wurf die gleiche sein. Und behalte dein Ziel stets im Auge. Ich habe immer auf den hinteren Teil des Rings geschaut und mich auf dieses Ziel konzentriert. Einige Spieler konzentrieren sich lieber auf die Vorderseite des Rings und andere auf den ganzen Korb. Was immer du dir auch aussuchst, konzentriere dich voll darauf. Wenn du fertig zum Wurf bist, dann benutze die andere Hand zum Führen. Vergiß nicht, daß sie nur für die Grundstellung und für das Gleichgewicht da ist. Versuche nicht, mit beiden Händen zu werfen. Ist die freie Hand zu weit vor oder zu weit hinter dem Ball, wird es sehr schwer, gerade auf den Korb zu werfen. Übe jeden einzelnen dieser Schritte, bis sie zur Routine werden«.

Die verschiedenen Würfe

DER BANK SHOT Das Quadrat auf dem Brett hinter dem Korb kann für jeden Werfer, der es zu benützen versteht, eine Hilfe sein. Wenn man von der Seite wirft, egal ob einen Korbleger oder einen Sprungwurf, ist es immer einfacher, das Brett in seinen Wurf mit einzubeziehen. Benütze das Quadrat, wenn du einen Bank Shot versuchst. Angenommen, du stehst 3 m vom Korb entfernt auf der rechten Seite zwischen der Ecke und der Freiwurflinie. Benütze die richtige Technik und versuche, den Ball in das Quadrat rechts vom Korb zu zielen. Wenn du in das Quadrat triffst, ist es viel wahrscheinlicher, daß der Ball in den Korb geht.

Vergewissere dich, daß der Ball mit dem gleichen Bogen auf den Korb zufliegt wie bei einem normalen Wurf. Der einzige Unterschied liegt darin, daß du anstatt auf den Korb auf das Quadrat wirfst. Wenn du mit dem Bank Shot sicherer wirst,

wirst du auch lernen, die Würfe genauer abzuschätzen sowie die Punkte im Quadrat, auf die du zielen mußt.

DER KORBLEGER   Das ist einer der einfachsten Würfe im Basketball, aber auch er muß erst einmal gemeistert werden. Auch hier ist die Technik äußerst wichtig.

Wenn du Rechtshänder bist, dribble von der rechten Seite auf den Korb zu. Näherst du dich dem Korb, dann bringe dein rechtes Bein, deinen rechten Arm und die Hand gleichzeitig nach oben, während du dich mit dem linken Bein abstößt und in die Luft springst.

Dein rechter Arm und das Bein sollten dabei annähernd gleichzeitig nach oben gehen. Wirf den Ball mit der rechten Hand und mit Hilfe des Bretts in den Korb. Vergiß nicht, den Arm durchzustrecken und die Hand nachzuklappen.

Scottie Pippen, Forward der Chicago Bulls, nützt seine perfekte Technik für einen Korbleger.

Bei einem Korbleger mit der rechten Hand läufst du von rechts an.

Ziehe das rechte Bein an, wenn du die rechte Hand nach oben bringst.

Springe mit links ab, während du das rechte Bein und den rechten Arm gleichzeitig streckst.

Benütze das Brett, um den Ball in den Korb zu bringen, und klappe die Hand nach.

DER STANDWURF Der Standwurf ist genau das, was sein Name schon sagt: Der Spieler steht, bevor der Wurf erfolgt. Anstatt hochzuspringen und damit über einen Verteidiger hinauszukommen, bevor man den Ball abwirft, bringt man sich beim Standwurf in Position, geht leicht in die Knie und hebt gleichzeitig mit der Wurfbewegung vom Boden ab.

Nur wenige NBA-Spieler werfen den Ball so gut wie Reggie Miller, Guard der Indiana Pacers.

Der Standwurf beginnt mit der Grundstellung: frontal zum Korb, Knie leicht gebeugt, Ball auf den Fingerspitzen in der »Kellner-Haltung«, der Ellbogen mit dem Körper in einer Linie.

Drücke dich vom Boden ab, aber springe nicht, wenn du den Ball wirfst. Die Kraft kommt aus den Beinen, die Kontrolle aus den Armen.

Strecke den Arm durch, bis der Ellbogen gestreckt ist, und klappe das Handgelenk kräftig nach unten ab, um einen Rückwärtsdrall zu erzeugen.

Der Wurf **49**

DER SPRUNGWURF Der am häufigsten benützte Wurf auf höherem Spielniveau, insbesondere in der NBA, ist der Sprungwurf. Bei diesem Wurf springt man gerade in die Höhe, bringt den Ball mit beiden Händen nach oben in die Wurfposition und wirft am höchsten Punkt auf den Korb. Die Beherrschung dieses Wurfs gehört zu den wichtigsten Fähigkeiten eines guten Basketballspielers.

Larry Bird, ehemaliger Star aus Boston, beherrschte bei seinem Sprungwurf einen nahezu perfekten Bewegungsablauf.

Mark Price von den Cleveland Cavaliers macht seine fehlende Größe durch einen exzellenten Sprungwurf wett.

Kein anderer Spieler hat den Hakenwurf so effektiv eingesetzt wie der berühmte Center Kareem Abdul-Jabbar.

DER HAKENWURF Der ehemalige NBA-Superstar Kareem Abdul-Jabbar beherrschte einen der besten Hakenwürfe in der Geschichte des Basketballs. Dieser Wurf ist vor allem gegen größere Verteidiger sehr wirkungsvoll.

Wie beim Korbleger gehen bei einem Rechtshänder das rechte Bein und der rechte Arm nach oben. Anstatt aber frontal zum Korb zu stehen, dreht man seinen Körper ein wenig zur Seite weg.

Bringe den Ball von der Seite in einer Bogenbewegung über deinen Kopf. Springe mit dem linken Bein ab und strecke den Arm über den Kopf nach oben. Wirf den Ball nun in Richtung Korb, mit oder ohne Hilfe des Brettes. Folge der Bewegung, indem du die Hand nachklappst.

Dieser Wurf ist bei enger Deckung in der Nähe des Korbes sehr effektiv. Während Kareem Abdul-Jabbar den Wurf aus etwa 4,5 m Entfernung beherrschte, sollten Jugendliche aus nicht mehr als 1,5 m beginnen.

DER DUNK Dies ist der einzige Wurf, bei dem Körpergröße, Kraft und Sprungvermögen wirklich notwendig sind, wobei die Größe nicht unbedingt entscheidend ist. Michael Jordan, Dominique Wilkins und sogar der nur 1,68 m große Spud Webb gehörten zu den besten Dunkern der NBA.

Anstatt den Ball über den Korb zu legen oder das Brett zu Hilfe zu nehmen, springen die Spieler beim Dunking so hoch, daß sie den Ball mit der Hand direkt über den Korb bringen. Dabei wird der Ball entweder in den Korb gedrückt oder regelrecht hineingeschlagen. Das kann mit einer Hand oder mit beiden Händen geschehen.

Grundregel: Es ist aus Sicherheitsgründen keinesfalls erlaubt, sich nach einem Dunk an den Ring zu hängen.

Der frühere Superstar der Chicago Bulls, Michael Jordan, setzt zu einem seiner berühmten Dunks an.

Einzelübungen

Halte den Ball in der »Kellner-Haltung«.

Wurf mit einer Hand

Trainiere den Wurf mit nur einer Hand. Halte den Ball in der »Kellner-Haltung«, wie Dunleavy sie nennt. Stell dich nahe an den Korb, damit du dich vollkommen auf die Technik konzentrieren kannst.

Anfänger sollten mit einer Entfernung von etwa 1,5 m beginnen, genau vor oder etwas seitlich vom Korb. Da du nur deine Wurfhand benützt, bist du gezwungen, den Ball gerade zu werfen. Wie gesagt: Fange mit geringer Entfernung an, dann wirst du leichter die korrekte Technik erlernen. Wenn du sicher genug bist, gehe einen Schritt nach hinten und übe weiter.

Gehe in die Knie, mache ein Hohlkreuz.

Vergiß nicht, die Hand nachzuklappen.

Wurf aus dem Stuhl

Eine weitere gute Übung zur Verbesserung der Technik: Stelle einen Stuhl in etwa 1,5 m Entfernung vor dem Korb auf. Wirf auch hier nur mit einer Hand. Wenn du im Stuhl sitzt, bist du gezwungen, den Arm vollständig zu strecken und mit dem Handgelenk nach unten abzuklappen. Wenn du den Ball zu flach wirfst oder die Technik nicht korrekt anwendest, wird der Ball weder die gewünschte Richtung haben noch über den Ring gelangen.

Wurf auf dem Rücken

Dies ist eine gute Übung für Anfänger. Lege dich auf den Rücken und wirf den Ball senkrecht nach oben. Der Ball sollte senkrecht zu dir zurückkommen. Wenn er das nicht tut, kontrolliere deine Führungshand. Achte darauf, daß der Arm sich komplett streckt und das Handgelenk am Ende der Bewegung nach unten wegklappt.

Zielwerfen

Bewege dich um die Freiwurfzone herum und wirf von sieben verschiedenen Punkten auf den Korb. Du darfst erst zum nächsten Punkt gehen, wenn du vom vorigen getroffen hast.

Beginne rechts vom Korb. Gehe dann zum Mittelpunkt zwischen Auslinie und Freiwurflinie, von dort zur Ecke der Freiwurflinie, in die Mitte, zur anderen Ecke der Freiwurflinie und dann auf der anderen Seite der Zone hinunter.

Zielwerfen für Fortgeschrittene

Es handelt sich um eine hervorragende Übung, um Konditionstraining mit Wurftechnik zu kombinieren. Wirf nun von jedem Punkt aus immer nur einen Wurf. Hol dir den aufprallenden Ball und dribble zum nächsten Wurfpunkt. Stell dir vor, du bekämst einen Paß von einem Mitspieler oder brächtest dich selbst durch das Dribbeln zu einem offenen Wurf.

Setze die Übung fort, bis du fünfzig Würfe versucht hast, zehn von jedem Punkt. Achte dabei auf deine Technik und deine Beinarbeit. Wirf schnell, so als befändest du dich in einem Spiel.

Wurfübung zu zweit

Ein Spieler steht in Rebound-Position unter dem Korb. Der zweite muß von fünf verschiedenen Punkten werfen. Begonnen wird in der Ecke. Es werden jeweils fünf Würfe hintereinander versucht, wobei der Spieler unter dem Korb die Bälle zuspielt. Anfänger sollten nicht weiter als 3 bis 3,5 m vom Korb entfernt werfen, geübtere Spieler 3,5 bis 4 m und fortgeschrittene Spieler 4 bis 4,5 m.

Nachdem er fünf Würfe aus der Ecke gemacht hat, geht der Werfer zum Punkt zwischen der Ecke und dem Freiwurfhalbkreis, im selben Abstand zum Korb. Nach fünf Würfen geht er an die Freiwurflinie und danach auf die gegenüberliegende Seite. Zum Schluß wird von der anderen Ecke geworfen. Mache jeweils fünf Würfe von jedem Punkt und gehe dann zurück. Achte auf deine Technik, und versuche gleichzeitig, deine Geschwindigkeit zu erhöhen.

Nach fünfzig Würfen wechseln Werfer und Rebounder ihre Positionen.

Mannschaftswerfen

Bildet zwei Mannschaften und stellt euch jeweils an einem der zwei Körbe auf.

Die zwei Mannschaften bilden an der Seite 4,5 bis 5 m vom Korb entfernt eine Reihe. Nach dem Startpfiff beginnt jeweils ein Spieler jeder Mannschaft, auf den Korb zu werfen. Trifft ein Spieler, bewegt sich die ganze Mannschaft von der Ecke weg zum nächsten Wurfpunkt, in derselben Distanz. Sobald der nächste Spieler trifft, gehen sie an die Freiwurflinie und dann auf der anderen Seite wieder hinunter.

Die Mannschaft gewinnt, die als erste einmal hin- und wieder zurückgekommen ist und von allen Punkten getroffen hat.

Mannschaftsübungen

Setze einen Fuß etwas vor den anderen.

Gehe leicht in die Knie.

Der Ball sollte in der »Kellner-Haltung« auf den
Fingerspitzen liegen und nicht in der Handfläche.

Folge der Bewegung, indem du den Ellbogen ganz
durchstreckst und mit der Hand nachklappst.
Dabei rollt der Ball über die Finger
und bekommt einen guten Rückwärtsdrall.

Benütze deine andere Hand nur begleitend,
um den Ball zu stützen.

Laß den Ball aus deinen Fingerspitzen kommen.

Benütze deine Beine.

Mike Dunleavys Wurftips

**Chris Mullin von den
Golden State Warriors
beim Sprungwurf.**

Wurfspiele

H-O-R-S-E   Dies ist ein sehr beliebtes Wurfspiel. Es kann mit zwei oder mehr Spielern und einem Ball gespielt werden. Spieler A beginnt das Spiel mit einem Wurf von irgendeinem Punkt des Spielfelds aus. Die nächsten Spieler müssen dann von dem gleichen Punkt aus werfen. Jeder Spieler, der nicht trifft, bekommt den ersten Buchstaben. Wenn also der Spieler A von der Freiwurflinie trifft, Spieler B jedoch vorbeiwirft, bekommt der Spieler B das »H«. Dasselbe gilt für den Spieler C usw.

Der Spieler A hat, solange er trifft, das Recht, von jedem Punkt des Feldes aus zu werfen. Wenn er nicht trifft, erhält der Spieler B dieses Recht. Wenn der Spieler B dann einen Wurf aus 3 m Entfernung macht, müssen alle Spieler den gleichen Wurf versuchen, inklusive Spieler A.

Wenn der Spieler B einen Wurf verfehlt, erhält (wenn es mehr als zwei Spieler gibt) der Spieler C das Wurfrecht. Das Spiel dauert so lange an, bis ein Spieler fünf Buchstaben erhalten hat, eben H-O-R-S-E.

Bei nur zwei Spielern ist der Verlauf der gleiche. Spieler A hat so lange das Wurfrecht, bis er einen Wurf verpaßt. Das Wurfrecht geht dann an den Spieler B über. Der Spieler A muß dann jeweils nachziehen, um keinen Buchstaben zu bekommen.

Anmerkung: Man bekommt nur einen Buchstaben, wenn man einen vorgegebenen Wurf nicht nachmachen kann. So lange man nachziehen kann oder das Wurfrecht hat, kann man keinen Buchstaben bekommen.

Möchtest du eine kürzere Version spielen? Wie wäre es mit P-I-G?

KNOCKOUT   Dabei handelt es sich um eines von Dunleavys Lieblingsspielen. Es können beliebig viele Spieler mitmachen, am besten jedoch vier oder fünf.

Wie bei dem Spiel H-O-R-S-E beginnt ein Spieler mit einem Wurf von irgendeinem Punkt des Spielfelds aus. Alle anderen Spieler müssen diesen Wurf nachmachen, wenn er erfolgreich war. Ein Freiwurf zählt dabei einen Punkt, ein normaler Wurf zwei und jeder Wurf jenseits der Drei-Punkte-Linie drei Punkte.

Ziel ist es, so schnell wie möglich 21 Punkte zu erreichen. Wenn ein Spieler diese Punktzahl erreicht hat, verläßt er das Spiel. Der Spieler, der als letzter übrig bleibt, ist der Verlierer.

Da Dunleavy ein guter Drei-Punkte-Schütze ist, wird verständlich, warum er in diesem Spiel schwer zu schlagen ist.

WELTREISE   Bei diesem Spiel werfen zwei oder mehr Spieler von sieben verschiedenen Wurfpunkten um die Freiwurfzone.

Der Spieler A beginnt rechts vom Korb an der Zone. Trifft er, geht er zunächst zum nächsten Wurfpunkt, auf halbem Weg zwischen Grundlinie und Freiwurflinie. Die nächsten Würfe erfolgen von der Ecke der Freiwurflinie, von ihrer Mitte und vom anderen Ende der Freiwurflinie, schließlich auf der linken Seite des Korbs wieder hinunter.

Man darf allerdings nur weiterrücken, wenn man trifft. Es wird abwechselnd geworfen. Sieger ist derjenige Spieler, der zuerst von der »Weltreise« zurückgekommen ist, also alle Stationen seiner »Reise« erfolgreich absolviert hat. Da abwechselnd geworfen wird, kann es nämlich passieren, daß ein Spieler auf einer Position »strandet«, sich also ein paar Runden lang nicht von der Stelle bewegt, während die besser treffenden Mitspieler an ihm vorbeiziehen.

»21«   Am besten spielt man »21« mit drei Spielern, es können aber theoretisch bis zu fünf Spieler mitmachen.

Bei diesem Spiel beginnen zwei Spieler in der Rebound-Position. Der dritte Spieler geht an die Freiwurflinie und wirft bis zu drei Freiwürfe.

Der Spieler ist so lange mit dem Werfen dran, bis er alle drei Würfe trifft oder einen Wurf verfehlt. Jeder Wurf zählt einen Punkt.

Wenn er alle Freiwürfe trifft, nimmt er den Ball und versucht, hinter dem Freiwurfhalbkreis startend, einen Korb gegen die anderen zwei Spieler zu erzielen. Er kann dribbeln, einen Sprung- oder Hakenwurf wählen oder irgendeinen anderen Move anwenden, um einen Korb zu erzielen. Dabei gelten die normalen Basketballregeln, das heißt, es darf nicht gefoult werden.

Wenn der angreifende Spieler einen Korb erzielt, der dann zwei Punkte zählt, darf er wieder an die Freiwurflinie gehen und bis zu drei weitere Freiwürfe versuchen.

Wenn er einen Freiwurf verschenkt, ob am Anfang des Spiels oder nachdem er einen Korb gemacht hat, ist der Ball frei. Das bedeutet, daß jeder Spieler die Möglichkeit hat, den Rebound abzufangen und seinerseits einen Korb zu erzielen. Wenn also der Spieler A einen Freiwurf verpaßt und der Spieler B sich den Ball erkämpft und daraufhin einen Korb erzielt, darf er an die

Freiwurflinie gehen und seinerseits bis zu drei Freiwürfe versuchen.

Ziel des Spieles ist es, als erster 21 Punkte zu erzielen.

Joe Dumars von den Detroit Pistons ist immer für Punkte gut.

Die Positionen

Die fünf Spielerpositionen in einer Basketballmannschaft sind immer die gleichen. Die Grundaufstellung besteht aus zwei Guards, zwei Forwards und einem Center.

Besonders in der NBA kann es aber während des Spiels passieren, daß diese Grundaufstellung geändert wird. Abhängig davon, wie groß und schnell die gegnerische Mannschaft ist, kommt es schon mal vor, daß NBA-Mannschaften anstatt mit zwei Forwards und einem Center mit drei Forwards spielen. Manche Teams, wie die Chicago Bulls, spielen mit einer »three-guard offense«, die aus drei Guards und entweder zwei Forwards oder einem Forward und einem Center besteht. Während die Grundaufstellung prinzipiell gleichbleibt, sind die Anforderungen an die einzelnen Positionen unterschiedlich. Zum Beispiel fallen bei zwei Guards und zwei Forwards jedem einzelnen Spieler völlig unterschiedliche Aufgaben zu.

Gegenüberliegende Seite:
David Robinson von den San Antonio Spurs ist einer der besten Center in der NBA.

Die Nummern

Vielleicht hast du schon einmal einen Trainer oder einen Hallensprecher gehört, der einen bestimmten Spieler mit einer Zahl bezeichnet hat.

Wie im Baseball wird auch im Basketball jede Spielposition mit einer Zahl bezeichnet. Die Trainer benützen manchmal diese Zahlen anstelle der Namen, wenn sie einen Spielzug erklären wollen. Hallensprecher benützen die Zahlen, um den Unterschied zwischen einem Small Forward und einem Power Forward klarzumachen.

Um dem Zahlensalat ein Ende zu bereiten, sind hier die Zahlen mit der dazugehörigen Spielposition aufgeführt:

1 – Point Guard
2 – Shooting Guard
3 – Small Forward
4 – Power Forward
5 – Center

POSITION 1 – POINT GUARD Einer der beiden Guards wird gewöhnlich als Point Guard oder Lead Guard bezeichnet.

Einige der besten Point Guards der NBA sind John Stockton von den Utah Jazz, Kevin Johnson von den Phoenix Suns, Gary

Gary Payton, Point Guard der Seattle SuperSonics, hat eine ausgezeichnete Ballkontrolle.

Payton von den Seattle SuperSonics, Tim Hardaway von den Golden State Warriors, Mark Price von den Cleveland Cavaliers und Kenny Anderson von den New Jersey Nets.

Der Point Guard ist extrem wichtig für den Erfolg jedes Teams. Er spielt oft die Rolle des Quarterbacks im Football: Er sagt Spielzüge an und dirigiert den Angriff seiner Mannschaft. Normalerweise ist dieser Spieler der beste Dribbler und Paßgeber seines Teams. Seine Aufgabe ist es, den Ball nach vorn zu bringen und die Spielzüge einzuleiten. Nur ganz wenige Teams gewinnen eine Meisterschaft ohne einen soliden Point Guard, der die Offense dirigiert und dabei kaum Fehler macht.

POSITION 2 – SHOOTING GUARD Der zweite Guard hat ähnliche Aufgaben, besonders in Ligen unterhalb der NBA, obwohl er den Ball normalerweise nicht nach vorn bringt. In der NBA wird dieser Spieler als Shooting Guard, »Two Guard« oder als »Off Guard« bezeichnet, und er ist normalerweise größer als der Point Guard.

Michael Jordan von den Chicago Bulls war einer der besten Shooting Guards aller Zeiten. Reggie Miller von den Indiana Pacers, Jimmy Jackson von den Dallas Mavericks, Dan Majerle von den Phoenix Suns, Latrell Sprewell von den Golden State Warriors und Joe Dumars von den Detroit Pistons gelten als einige der besten Shooting Guards in der aktuellen NBA.

Spieler wie Dumars, Jackson und Sprewell dirigieren zwar nicht die Offense und sind nicht sooft in Ballbesitz wie der Point Guard, können aber dennoch beide Guard-Positionen effektiv besetzen.

Latrell Sprewell von den Golden State Warriors hat sich zu einem hervorragenden Shooting Guard entwickelt.

LaPhonso Ellis von den Denver Nuggets gehört zu den besten Power Forwards und Reboundern der NBA.

Der größte Unterschied zwischen einem Point Guard und einem Shooting Guard ist der, daß der Shooting Guard gewöhnlich einer der besten Werfer im Team ist. Meist wirft er öfter als der Point Guard und unterstützt sein Team mit Distanzwürfen.

Spieler wie Johnson und Price vereinen die Vorzüge beider Guard-Typen in einer Person, was sie besonders gefährlich für jede Abwehr macht.

POSITION 4 – POWER FORWARD In der NBA gibt es auch bei den beiden Forward-Positionen klare Unterschiede. Power Forwards, manchmal auch Big Forwards genannt, sind Spieler wie Charles Oakley von den New York Knicks, Karl Malone von den Utah Jazz, Horace Grant von Orlando Magic, Otis Thorpe von den Houston Rockets, Larry Johnson von den Charlotte Hornets, Charles Barkley von den Phoenix Suns und LaPhonso Ellis von den Denver Nuggets.

Sie sind bekannt für ihre Größe und ihre Stärke in der Defense und im Rebound. Barkley, Johnson und Malone sind drei der wenigen Power Forwards, die zu den besten Punktern der Liga gehören. Die meisten Power Forwards wie Oakley, Grant und Thorpe haben sich auf die Defense und den Rebound spezialisiert.

Normalerweise sind diese Spieler in allen Spielklassen etwas größer als die anderen. In der NBA gelten sie als die besten Rebounder und Verteidiger einer Mannschaft. Dennis Rodman von den San Antonio Spurs ist ein perfektes Beispiel dafür.

POSITION 3 – SMALL FORWARD Der Spieler auf der anderen Forward-Position heißt Small Forward. Normalerweise ist er aber alles andere als klein. Scottie Pippen von den Chicago Bulls, Danny Manning von den Phoenix Suns, Dominique Wilkins von den Boston Celtics und Jamal Mashburn von den Dallas Maverics sind einige der besten Small Forwards der Liga. Sie sind vor allem für ihr gutes Ballhandling und ihre Fähigkeit zu punkten bekannt. Pippen ist darin einzigartig und einer der vielseitigsten Spieler der Liga. Außer den Center kann er jede Position auf dem Feld spielen. In der NBA und im College ist der Small Forward gewöhnlich einer der talentiertesten Spieler auf dem Spielfeld.

POSITION 5 – CENTER Das Spiel der Guards und der Forwards dreht sich um das des Centers. Die Center-Position ist sehr wichtig für die Offense und die Defense einer Mannschaft. Der Center ist gewöhnlich der größte Spieler im Team.

Jamal Mashburn, Small Forward der Dallas Mavericks, ist für sein Ballhandling und seine Punktausbeute bekannt.

Patrick Ewing von den New York Knicks, David Robinson von den San Antonio Spurs, Hakeem Olajuwon von den Houston Rockets, Alonzo Mourning von den Charlotte Horns und Shaquille O'Neal von Orlando Magic sind fünf der besten Center der NBA. In der Offense sind Spieler wie Ewing, Robinson, Olajuwon und O'Neal der Mittelpunkt des jeweiligen Teams. Das offensive Spiel dreht sich um sie. Das ist auch der Grund, weshalb diese vier Spieler die meisten Punkte ihres Teams erzielen. Nach der Saison 1993/94 standen Robinson, O'Neal und Olajuwon als die drei besten Scorer an der Spitze der Liga. Es war das erste Mal in der Geschichte, daß die ersten drei Plätze von drei Centern eingenommen wurden.

Center sind aber in der Defense genauso wichtig. Sie müssen nicht nur den gegnerischen Center decken, sondern auch Würfe blocken und Rebounds holen.

Der Center der Houston Rockets, Hakeem Olajuwon, versucht, sich gegen David Robinson von den San Antonio Spurs aufzuposten.

DER SECHSTE MANN Die mit am meisten unterschätzten Spieler sind die Auswechselspieler. Sie sitzen am Anfang jedes Spiels auf der Ersatzbank und werden auf Wunsch des Trainers für einen Spieler auf dem Feld eingewechselt.

Der wichtigste Einwechselspieler wird dabei als »Sechster Mann« bezeichnet. Dieser Spieler besitzt eine Schlüsselrolle in seinem Team. Er ist normalerweise der erste Spieler, der einen aus der ersten Fünf ersetzt.

Entweder kann dieser Spieler verschiedene Positionen einnehmen, oder er beherrscht eine bestimmte Sache sehr gut. In der NBA-Saison 1993/94 waren die besten »Sechsten Männer« Dell Curry von den Charlotte Hornets, Nate McMillen von den Seattle SuperSonics und Craig Ehlo von den Atlanta Hawks. Curry war dabei der beste eingewechselte Distanzschütze. Currys Wurfstärke gab dem Spiel der Hornets immer einen offensiven Impuls. Deshalb wurde er auch zum »Sechsten Mann des Jahres« gewählt.

McMillen und Ehlo unterstützen ihre Teams auf vielfältige Weise. Beide sind sehr gute Verteidiger und können zwei bis drei verschiedenen Positionen spielen. Ihre Vielseitigkeit macht sie zu wertvollen »Sechsten Männern«.

Dell Curry von den Charlotte Hornets wurde in der Saison 1993/94 mit dem »Sixth Man Award« ausgezeichnet.

Grundregel: Die Linie, die das Spielfeld teilt, ist die Mittellinie oder auch Zehn-Sekunden-Linie. Kommt das Team im Ballbesitz hinter diese Linie, hat es zehn Sekunden Zeit, den Ball in die eigene Hälfte zu spielen.

Spielzüge

Es gibt Hunderte von offensiven Spielzügen, die auf einen Korberfolg zielen. Jedoch gibt es mindestens genauso viele Abwehraufstellungen, die das verhindern sollen. Dennoch gibt es zwei Offensivbewegungen, die jeder Spieler erlernen sollte. Alle anderen Spielzüge lassen sich letztlich daraus ableiten. Beide ermöglichen dem Angreifer, sich von einem Verteidiger zu lösen, um frei zum Wurf zu kommen.

PICK AND ROLL   Am Pick and Roll (Block mit Abrollen) sind zwei Angreifer beteiligt, von denen einer in Ballbesitz ist. Der Spielzug kann von jeder beliebigen Zweierkombination der fünf Feldspieler ausgeführt werden. Er kann von jeder Position im Feld erfolgen und ist besonders wirksam bei enger Deckung. Der Spieler mit dem Ball dribbelt auf einen Mitspieler zu. Da der Verteidiger auf das Dribbling konzentriert ist, bemerkt er den Spieler hinter sich möglicherweise nicht. Während der ballführende Spieler weiterhin in die gleiche Richtung dribbelt, sperrt der zweite Angreifer den Verteidiger.

Er steht dabei mit der Brust senkrecht zu dessen Schultern. Gehe dabei leicht in die Knie, stelle die Füße parallel und halte die Arme unten.

Der dribbelnde Spieler sollte sich jetzt so nah wie möglich am zweiten Angreifer vorbeibewegen. Wenn das der Fall ist, kann der Verteidiger den blockenden Spieler nur umstoßen (Foul) oder muß um ihn herumlaufen. Das Sperren oder Blockieren des Verteidigers nennt man den »Pick«.

Gegenüberliegende Seite: **Kenny Smith von den Houston Rockets streift John Stockton von den Utah Jazz an einem Block Hakeem Olajuwons ab.**

Grundregel: Der zweite Angreifer muß mindestens einen Schritt vom Verteidiger entfernt sein, wenn er den Block stellt.

John Stockton und Karl Malone von den Utah Jazz sind Meister im Block mit Abrollen.

Sind Verteidiger und blockender Spieler auf Tuchfühlung, dreht sich letzterer zum Korb und bewegt sich in diese Richtung (rollt ab). Der Verteidiger des Blockstellers übernimmt dann meist den ballführenden Spieler. Wenn dies geschieht, ist der abrollende Spieler frei.

Wenn der Verteidiger, der den Blocksteller deckt, den ballführenden Spieler nicht übernimmt, kann dieser entweder selbst zum Korb ziehen oder einen Sprungwurf versuchen. In jedem

Fall ist der erste Verteidiger in einer schwierigen Situation, da er durch den Block zumindest aufgehalten wurde.

Diesen Spielzug solltest du jeden Tag mit verschiedenen Mitspielern trainieren. Denk daran, daß du ihn überall anwenden kannst. Er ist vor allem bei enger Manndeckung sehr effektiv.

DIE BACK DOOR Dieser Spielzug ist die perfekte Waffe gegen einen übereifrigen Verteidiger. Wieder sind zwei Angreifer an ihm beteiligt. Auch er kann überall vollzogen werden und eignet sich hervorragend gegen eine Manndeckung.

Die »Hintertür« funktioniert am besten, wenn ein Verteidiger einen Spieler ohne Ball eng deckt, also am Angreifer klebt, um zu verhindern, daß dieser einen Paß erhält.

Um sich von seinem Gegenspieler zu lösen und eine Back Door einzuleiten, macht der Angreifer zwei schnelle Schritte auf den ballführenden Spieler zu. Sobald der Verteidiger herankommt, stoppt der Angreifer ab und startet schnell zum Korb oder in den freien Raum. Wenn der Paß schnell gespielt wird, gibt es nur sehr wenige Verteidiger, die ihren Mann wieder einholen können. Selbst wenn der Verteidiger hinterherzieht, ist er im Nachteil, da sich der Angreifer zwischen dem Verteidiger und dem Ball oder dem Korb befindet. Gehe gegen einen allzu aggressiven Verteidiger ein paar Mal »durch die Hintertür«, und er wird sicherlich ein wenig zurücktreten und dir mehr Platz lassen.

> **Grundregel**: Ein Stürmerfoul (»Charging«) liegt vor, wenn ein Angreifer, meist mit Ball, in einen Verteidiger läuft, der sich schon in einer angemessenen Abwehrstellung befindet.

Wenn du blockst, stelle dich mit beiden Füßen fest auf den Boden und lege die Arme am Körper an. Sind die Arme ausgestreckt, kann das als Foul geahndet werden. Du mußt beim Blocken stehenbleiben und darfst dich nicht mehr bewegen, bis der Angreifer an dir vorbeigelaufen ist.

Wenn du dribbelst, halte den Kopf hoch. Du mußt so nahe wie möglich am blockenden Spieler vorbeilaufen und dabei die Kontrolle über den Ball behalten. Der Pick findet nur dann statt, wenn der Verteidiger in den blockenden Spieler läuft.

Entscheidungsfreudigkeit macht den Block mit Abrollen besonders effektiv. Wenn der Spielzug korrekt ausgeführt wird, hat der ballführende Spieler die Möglichkeit zum Sprungwurf oder zum Korbleger, oder aber er kann zum abrollenden Spieler passen. Schnelle Entscheidungen sind der Schlüssel zum Erfolg dieses Spielzugs.

Es ist wichtig, daß der ballführende Spieler das Dribbling mit beiden Händen gleich gut beherrscht, ohne dabei auf den Ball schauen zu müssen. Wenn du den Kopf oben und deine Mitspieler im Auge behältst, kannst du eine Back-Door-Gelegenheit erkennen.

Der Spieler, der den Back-Door-Paß empfangen soll, muß auf die anderen Verteidiger aufpassen. Zum Korb durchzubrechen, ohne zu wissen, wer sich noch vor einem befindet, führt leicht zu einem Stürmerfoul. Bewege dich schnell und schaue auf den Paßgeber, aber achte trotzdem auf andere Verteidiger, die dir den Weg versperren könnten.

Tips für die Back Door

Der Rebound

Der frühere NBA-Superstar und spätere Trainer der Washington Bullets, Wes Unseld, war ein Meister im Rebound, d.h. im Fangen des nach einem Fehlwurf abprallenden Balles.

Wenn ein Spieler einer der beiden Mannschaften nach einem Fehlwurf den Ball erwischt, wird ihm das als Rebound angerechnet. Gelegenheit zum Rebound gibt es nach jedem mißlungenen Korbwurf, einschließlich der Freiwürfe. Daher hat Unseld eine einfache Regel für den Rebound aufgestellt: »Das erste, was ein Spieler lernen muß, ist die Bedeutung des Gedankens: ›Er wird nicht treffen!‹ Egal, welcher Spieler wirft und von wo aus geworfen wird: Du mußt jedesmal mit einem Fehlwurf rechnen. Es spielt keine Rolle, ob der Spieler ein guter oder schlechter Schütze ist. Als guter Rebounder mußt du dir bei jedem Wurf einen Fehlwurf vorstellen.« Obwohl Wes Unseld mit seinen 2,02 m kleiner als andere Center war, half ihm diese Einstellung, einer der besten Rebounder zu werden. Nach Unseld gibt es vier Grundschritte zum gelungenen Rebound. Obwohl größere Spieler oder Spieler mit guter Sprungkraft leichter an Rebounds gelangen, muß darauf hingewiesen werden, daß aus jedem anderen Spieler ein guter Rebounder werden kann, wenn er diese Schritte befolgt:

1. DENKE: »ER WIRD NICHT TREFFEN!«

Kein Spieler trifft jeden Wurf. Sei bereit – egal wer den Wurf versucht oder woher er kommt. Vergiß nicht, daß auch Spieler vom Format eines Larry Bird oder eines Michael Jordan bei ungefähr der Hälfte ihrer Würfe nicht trafen.

2. BLOCKE DEINEN GEGENSPIELER AUS

Es gibt zwei gute Möglichkeiten, deinen Gegenspieler so auszublocken, daß er nicht vor dir den Rebound holt. Eine ist der Schritt vor deinen Gegenspieler. Wenn der dir am nächsten stehende Gegner versucht, den Rebound zu holen, mache einen Schritt auf ihn zu und geh auf Tuchfühlung. Du solltest in einer breiten Beinstellung sicher stehen und leicht in die Knie gehen. »Der Vorteil dieses Schritts liegt darin, daß du aus einem sicheren Stand heraus dem Ball schnell entgegengehen kannst, wenn er vom Korb abprallt«, sagt Unseld.

Die andere Methode ist der Reverse Pivot. Ein Pivot wird eingeleitet, indem man einen Fußballen fest auf den Boden drückt. Dann dreht man sich um diesen Punkt, ohne den Fuß anzuheben. Der Drehpunkt kann der rechte oder linke Fuß sein.

Beim Reverse Pivot wird die Drehung rückwärts ausgeführt; das ist nützlich, wenn man mit dem Rücken zum Korb steht. Wenn

Gegenüberliegende Seite: **Der Forward Jamal Mashburn blockt einen Gegenspieler aus, während er nach einem Rebound Ausschau hält.**

ein Wurf erfolgt, drehe dich um einen Fuß. Stelle zum Beispiel den rechten Fuß fest auf den Boden. Sobald der Ball aufsteigt, drehe dich um den rechten Fuß und nehme das linke Bein in die Drehbewegung mit, bis du in Richtung Korb blickst. Jetzt kannst du in Rebound-Position gehen und deinen Gegenspieler hinter dir und damit weg vom Ball halten. »Der Reverse Pivot ermöglicht dir, sehr schnell eine relativ große Distanz zu überwinden«, bemerkt Unseld. »Mit einem Schritt kannst du dich schnell zu jeder Seite hin bewegen.«

3. APPROACH   Darunter versteht man die Bewegung, mit der man von der Stelle, an der man den Gegenspieler ausblockt, dorthin gelangt, wohin der Ball vermutlich hinprallen wird. Diese Bewegung muß schnell ausgeführt werden. Meist mußt du innerhalb von einer oder zwei Sekunden in Position sein, um den Ball noch erwischen zu können. Die besten Rebounder können auch den Winkel erahnen, in dem der Ball vom Ring zurückspringt. Laut Unseld ist das nicht annähernd so schwer, wie es sich anhört.

Alonzo Mourning von den Charlotte Hornets kämpft mit zwei Los Angeles Lakers um den Rebound.

Dikembe Mutombo von den Denver Nuggets greift diesen Rebound mit beiden Händen.

»Kommt der Wurf von einer Seite, so springt der Ball in sieben von zehn Fällen nach der anderen Seite weg«, sagt Unseld. »Aber denk daran: In der Zeit, in der sich der Ball in Richtung Korb bewegt, den Ring trifft, nach oben wegspringt und dann wieder ins Feld zurückfällt, mußt du dich in Position gebracht und den Gegenspieler ausgeblockt haben.«

Der Power Forward der New York Knicks, Charles Oakley, schützt den ergatterten Rebound, indem er den Ball hoch und vom Körper weg hält.

4. DER REBOUND SELBST »Wenn du dich in Position gebracht hast, springe hoch hinauf und mache dich dabei breit«, rät Unseld. »Stelle die Beine so weit auseinander, daß du einen sicheren Stand hast und nicht weggeschoben werden kannst. Dann gehe kraftvoll nach oben. Die Sprunghöhe allein macht dich nicht zu einem guten Rebounder. Sprungstarke Spieler sind nicht immer die besten Rebounder. Du mußt dich in eine gute Position bringen und kraftvoll zum Ball emporsteigen.«

Denk dabei daran, den Ball mit beiden Händen zu nehmen. Um ihn fest greifen zu können, rät Unseld, beide Arme gestreckt zu halten. »Sobald deine Fingerspitzen den Ball berühren, packst du zu. Spanne deine Schultern und die gesamte Armmuskulatur an. Komme mit dem Ball genauso auf den Boden zurück, wie du nach ihm gesprungen bist. Wichtig: Halte den Ball dann nach oben, außen und vom Körper weg. Diese drei Worte mußt du dir merken: oben, außen, weg. So fällt es den Gegenspielern schwerer, um dich herumzugreifen und dir den Ball aus der Hand zu schlagen. Viele Spieler verlieren den Ball, weil sie ihn zu nah am Körper halten, wo er leicht zu erreichen ist.«

Wandübung

Um ein guter Rebounder zu werden, mußt du sicher fangen können. Stelle dich mit einem Ball etwa 1,5 m von einer Wand entfernt auf. Wirf den Ball so fest du kannst mit beiden Händen über den Kopf gegen die Wand. Wenn er zurückprallt, packe ihn, als wäre er ein Rebound. Gehe bei dieser Übung mit gleichbleibendem Abstand an der Wand entlang.

Wenn du aus dieser Entfernung sicher geworden bist, gehe einen Schritt zurück und fahre mit der Übung fort. Gehe immer weiter von der Wand weg. Die Technik muß dabei aber korrekt ausgeführt werden.

Wirf den Ball nun aus etwa einem halben Meter in Kinnhöhe mit beiden Händen an die Wand. Diese Variation der Übung hilft dir, die notwendige Konzentration zu entwickeln, die du brauchen wirst, wenn andere Spieler um dich herum sind.

Falls du den Ball nicht fängst, trifft er dich am Kopf. Du mußt dich also auf das Fangen konzentrieren. Außerdem gewöhnt dich diese Übung daran, den Ball mit einem festen Griff zu fangen und zu halten.

Einzelübungen

Kraftübung

Übe, den vom Brett zurückprallenden Ball zu fangen, und benütze dabei die von Unseld beschriebenen Techniken.

Wirf den Ball gegen das Brett und bringe dich danach in eine stabile Rebound-Position. Springe kraftvoll nach oben zum Ball.

Im höchsten Punkt des Sprungs greifst du dir den Ball mit beiden Händen und bringst ihn gerade nach unten. Halte ihn dabei nach oben, außen und vom Körper weg.

Du kannst nach der Landung am Boden den Ball mit einem erneuten Sprung in den Korb legen.

Wirf den Ball gegen das Brett.

Springe kräftig zum Korb hoch und greife mit beiden Händen nach dem Rebound.

Bringe den Ball herunter und halte ihn nach oben, außen und vom Körper weg.

Schließe mit einem Korbwurf ab.

Tippübung

Dies ist eine gute kombinierte Übung für Mannschaften. Ein Spieler beginnt, indem er den Ball fünfmal hintereinander an das Brett »tippt«. Beim fünften Tippen springt er nach oben und greift sich den Ball mit beiden Händen. Wenn der Spieler wieder auf dem Boden angekommen ist, dreht er sich um und spielt den Ball dem nächsten Spieler zu. Der Spieler, der den Paß gespielt hat, ist nun Verteidiger gegen den ballführenden Spieler. Nachdem der Angreifer einen Korberfolg erzielt oder einen Fehlwurf gemacht hat, tippt er nun seinerseits den Ball fünfmal gegen das Brett und paßt zum nächsten Spieler, gegen den er dann die Verteidigerrolle übernimmt.

Mannschaftsübungen

»Los!«-Übung

Lege unter dem Korb einen Ball auf den Boden. Fünf Angreifer und fünf Verteidiger stellen sich an verschiedenen Punkten um den Korb herum auf.

Auf das Kommando »Los!«, das ein nicht beteiligter Spieler oder der Coach ruft, versuchen die Verteidiger nun, die Angreifer auszublocken. Einem der Verteidiger sollte es gelingen, vor einem Angreifer an den Ball zu kommen. In einer Variation dieser Übung verteilen sich die fünf Verteidiger und die fünf Angreifer außerhalb der Freiwurfzone um den Korb. Ein weiterer Spieler oder der Coach macht einen Wurf aus 5 m Entfernung. Auch hierbei sollen die Verteidiger die Angreifer ausblocken und sich den Rebound holen.

Die Verteidiger beginnen mit der Bewachung der Angreifer.

Auf das Kommando »Los!«
drehen sich die Verteidiger
und blocken ihre
Gegenspieler aus.

Dann versucht jeder, den
Ball zu erwischen.

Der Rebound **93**

Drei gegen drei

Bildet drei Reihen, eine in der Mitte der Freiwurflinie, die beiden anderen jeweils an den beiden Seiten der Zone, etwa 2 m vom Korb entfernt. Der jeweils erste Spieler jeder Reihe dreht sich mit dem Rücken zum Korb und wird zum Verteidiger. Der nächste in der Reihe wird zum Angreifer mit Blick zum Korb. Ein weiterer Spieler oder der Trainer macht einen Wurf auf den Korb. Auch hierbei sollen die drei Verteidiger sich drehen und die drei Angreifer ausblocken.

Anschließend werden die Angreifer zu Verteidigern, und die Verteidiger stellen sich hinten in ihrer Reihe an.

Wenn der Coach wirft . . .

. . . dreh dich und blocke aus.

Rechne mit einem Fehlwurf.

Suche deinen Gegenspieler und blocke ihn aus,
sobald der Ball unterwegs ist.

Behalte das Gleichgewicht und einen sicheren
Stand.

Springe hoch und kraftvoll ab und
mache dich dabei breit.

Greife den Ball fest mit beiden Händen.

Komme mit dem Ball so nach unten, wie du nach
ihm gesprungen bist.

Halte den Ball hoch, nach außen und weit von
deinem Körper weg.

Wes Unselds Tips für den Rebound

Die Verteidigung

Lange bevor Don Chaney Trainer bei den Detroit Pistons wurde, war er als einer der besten Verteidiger in der Geschichte der NBA bekannt. Obwohl er nicht so schnell und wendig wie seine Gegenspieler war, beherrschte Chaney die Grundlagen der Einzel- und der Teamverteidigung. Mit der Zeit hat Chaney herausgefunden, warum einige Spieler exzellente Verteidiger werden, während andere sich vergeblich darum bemühen.

Ihm wurde auch klar, daß eine gute Verteidigung nichts mit Grundschnelligkeit oder Flinkheit zu tun hat. Sie hat vielmehr mit harter Arbeit und Aufmerksamkeit zu tun.

»Der erste große Trugschluß ist, daß du schnell sein mußt«, sagt Chaney. »Das ist nicht wahr. Verteidigen kann man nur, wenn man vorausahnt, was um einen herum passieren wird. Dazu kommt gute Körperbeherrschung und die Beachtung bestimmter Grundregeln. Aber verteidigen kann jeder. Wenn du bereit bist, hart zu arbeiten, und aufmerksam verfolgst, was um dich herum passiert, wirst auch du zu einem guten Verteidiger.«

Horace Grant, früher bei den Chicago Bulls, wurde während der Saison 1993/94 in das zweite NBA-Auswahlteam der besten Verteidiger gewählt.

Die Grundstellung

Wie das Werfen oder das Dribbeln, so erfordert auch die Verteidigung eine angemessene Grundstellung. Um das Gleichgewicht zu erhalten und beweglich zu sein, sollte man auf dem Fußballen oder zumindest auf dem vorderen Teil des Fußes stehen. Stehe nicht auf dem ganzen Fuß oder auf der Ferse. Wenn du das nicht befolgst, wird es deinem Gegenspieler leichtfallen, an dir vorbeizudribbeln.

Stelle die Füße schulterbreit auseinander. Wenn du mit deinen Füßen zu eng stehst, wird es dir schwerfallen, dich schnell zu bewegen. Gehe leicht in die Knie und beuge dich ein wenig nach vorn.

»Wenn du einmal diese Grundstellung eingenommen hast, wird die Abwehrarbeit mit den Beinen und den Händen gespielt«, sagt Chaney. »Vergiß nicht, auf den Fußballen zu stehen und dich ein wenig gebückt zu halten. Behalte eine Hand unten auf Höhe des Balls. Die andere Hand wird höher gehalten, um eventuelle Würfe oder Pässe abzuwehren.«

MANNDECKUNG Die Manndeckung ist die einzige Verteidigungsart, die in der NBA und in vielen Jugendspielklassen erlaubt ist. Die Zonenverteidigung, die an der High-School und am College gespielt werden kann, ist in der

Kevin Johnson von den
Phoenix Suns ist in der
Abwehrgrundstellung und
bereit, in jede Richtung zu
gehen.

NBA verboten. Jeder Spieler sollte unabhängig von seinem Niveau die Grundlagen der Manndeckung beherrschen.

»Wenn man die Grundlagen der Mann-Mann-Verteidigung beherrscht, lernt man die anderen Elemente der Mannschaftsverteidigung wesentlich leichter«, meint Chaney.

»BEOBACHTE DIE TAILLE« Einer der größten Fehler von jüngeren Spielern in der Manndeckung ist, daß sie sich auf einen Punkt des Körpers konzentrieren, der sich bewegt.

Sie achten dabei auf die Augen, die Hände oder die Beine des Gegenspielers. Manchmal konzentrieren sie sich sogar auf den Ball.

Das Ergebnis ist, daß sie sehr schnell getäuscht werden können. Wenn du auf den Ball achtest, kann der Angreifer einen Paß, einen Wurf oder eine Richtung antäuschen, um sie dann schnell zu ändern. Da der Angreifer weiß, wohin er sich wenden wird, ist es auch für den schnellsten Verteidiger nahezu unmöglich, ihn von seiner Bewegung abzuhalten.

Die Lösung? Chaney empfiehlt, die Taille des Angreifers im Auge zu behalten.

»Schaue auf die Körpermitte, denn die Taille bewegt sich nur, wenn sich der ganze Körper bewegt«, rät Chaney. Der Angreifer kann antäuschen, was er will. Bevor sich aber seine Taille nicht bewegt, bewegt er sich nirgendwohin. Wenn du also die Taille, das heißt die Körpermitte, beobachtest, wirst du bei jeder Bewegung des Gegenspielers mithalten können.

GLEITSCHRITTE Wenn du dich bewegst, dann achte darauf, daß du seitwärts »gleitest«, ohne die Beine zu überkreuzen. Um das Gleichgewicht zu halten, nimmst du die Füße dabei nicht weiter als schulterbreit auseinander. Bringe die Fersen nicht zu eng zusammen, und vermeide, daß sich die Füße beim Gleiten berühren. Gutes Stellungsspiel und gute Beinarbeit sind zwei der wichtigsten Elemente in der Abwehrarbeit.

»SEI AUFMERKSAM« Es ist die Aufmerksamkeit, die aus einem guten einen exzellenten Verteidiger macht. Chaney gibt den Rat, seinen Gegenspieler zu studieren. Ist er Rechtshänder? Macht er hauptsächlich Sprungwürfe? Zieht er gern zum Korb?

»Wir haben bei den Pistons eine Regel«, sagt Chaney. »Führe deinen Gegner zu seinen Schwachpunkten. Wenn er gern nach rechts geht, dann bringe ihn auf die linke Seite. Wenn er gern Sprungwürfe macht, dann decke ihn enger und zwinge ihn zu ziehen.«

Auch hier kommt die Beinarbeit zum Tragen. Wenn du einen Spieler dazu bringen möchtest, aus seiner Sicht nach links zu dribbeln, dann stelle deinen linken Fuß etwas vor deinen rechten. Achte darauf, daß du einen sicheren Stand hast, aber nimm den rechten Fuß ein wenig hinter den linken. Wenn der Angreifer versucht, sich nach seiner rechten Seite zu bewegen, erlaubt dir diese Stellung, ihn zu stoppen.

Genauso schnell kannst du dich auch nach deiner rechten, also seiner linken Seite bewegen, wohin du ihn ja lenken wolltest. Das Umgekehrte gilt für die andere Seite.

Auf niedrigerem Spielniveau dribbeln Rechtshänder fast immer am liebsten nach ihrer rechten Seite, während Linkshänder besonders gern nach links dribbeln. Merk dir das für jede Form der Abwehr, besonders für die Manndeckung.

DAS DECKEN EINES SPIELERS Mit einem Wurf oder Paß deines Gegenrs ist die Verteidigung nicht beendet. Chaney meint sogar, daß es mit die beste Form der Verteidigung ist, deinen Gegenspieler ganz vom Ball fernzuhalten. Wiederum gibt es einige Grundregeln, die man beachten sollte, wenn man einen Spieler ohne Ball bewacht.

»Stehe immer zwischen deinem Gegenspieler und dem Korb«, sagt Chaney. »Und versuche, nie mit dem Rücken zum Ball zu stehen.«

Wenn dein Gegenspieler sich auf der rechten, der Ball sich aber auf der linken Seite des Spielfelds befindet, dann gehe mit dem rechten Fuß nach hinten und hebe deine linke Hand. Drehe dich nicht ganz mit dem Rücken zum Ball, aber vergewissere dich, daß deine linke Hand zwischen deinem Gegenspieler und dem Ball ist. Halte den Kopf hoch, dann kannst du immer den Spieler und den Ball sehen. Dadurch, daß dein rechter Fuß hinten steht, kannst du schnell in die Abwehrposition zu deinem Gegenspieler kommen, wenn er den Ball erhält.

Chaney bietet noch ein paar zusätzliche Abwehrhinweise an:

DAS BLOCKEN DES WURFS Wenn du einen Wurf blocken möchtest, benütze dazu immer die sich näher am Korb befindende Hand. Wenn ein Spieler von der rechten Seite auf

Shawn Bradley und
Clarence Weatherspoon
von den Philadelphia 76ers
wehren gemeinsam einen
Wurf des Bostoners Dino
Radja ab.

den Korb geht, dann hebe die linke Hand, um den Wurf abzuwehren. Mache es umgekehrt, wenn der Spieler von der
linken Seite kommt.

»Der Grund ist ganz einfach«, erklärt Chaney. »Wenn du die sich
näher am Korb befindende Hand benützt, muß du zum Blocken

nicht quer über den Körper des Gegenspielers greifen. Es ist sehr schwer, quer über den Körper zu greifen, ohne dabei ein Foul zu begehen. Mit der näher am Korb befindlichen Hand benützt man auch die, die am weitesten vom Körper des Angreifers entfernt ist.«

DAS ÜBERNEHMEN (SWITCHING)
Der Switch wird meist in der Manndeckung angewandt. Bei dieser Technik übernehmen zwei Verteidiger jeweils den Gegenspieler des anderen, um sich dadurch in eine bessere Verteidigungsposition zu bringen.

Dein Gegenspieler dribbelt zum Beispiel nach rechts. Einer seiner Mitspieler läuft auf dich zu und stellt einen Block. Wenn dein Gegenspieler an seinem Kameraden vorbeidribbelt, müßtest du entweder den anderen Spieler umrennen oder einen Bogen um ihn herum machen. Da du kein Foul begehen willst, bist du gezwungen, um den Spieler heruzumlaufen, um dann zu versuchen, deinen Gegenspieler einzuholen.

Bei einem Switch übernimmt nun dein Mitspieler, der den Angreifer ohne Ball deckt, deinen Gegenspieler, sobald er vor ihm auftaucht. Du wiederum übernimmst den eigentlich von deinem Mitspieler bewachten Spieler. Das nennt man einen Switch.

»Ein Schlüssel zu einem erfolgreichen Switch besteht darin, daß deine Schultern und die deines Mitspielers sich im Moment des Übernehmens auf gleicher Höhe befinden«, erläutert Chaney. »In diesem Fall kann der ballführende Spieler nicht durch eine plötzliche Wendung an beiden Verteidigern vorbeiziehen.«

LOW-POST-VERTEIDIGUNG
Der Low Post ist der Raum unmittelbar rechts oder links vom Korb an oder in der Nähe der Zonenlinie. Große Angreifer, meist Center oder Forward-Spieler, posten normalerweise dort, um nach Erhalt eines Passes einen Move zum Korb zu machen.

Gewöhnlich steht der Spieler dabei mit einem erhobenen Arm und dem Rücken zum Korb. Durch eine breite Beinstellung versucht der Angreifer, den Verteidiger hinter sich zu halten.

Laut Chaney muß der Verteidiger verhindern, daß der Angreifer in einer so gefährlichen Stellung den Ball erhält. »Es ist ein großer Erfolg, wenn der Angreifer in dieser Situation keinen Paß bekommen kann. Versuche nicht, vor den Spieler zu kommen. Bewege dich lieber nur drei Viertel der Strecke nach vorn und strecke den Arm in die Wurflinie, der am weitesten vom Korb

entfernt ist. Wenn der Ball in der Luft ist, laß dich wieder hinter ihn zurückfallen und gehe in die Abwehrgrundstellung.«
Patrick Ewing, der Center der New York Knicks, spielt eine hervorragende Low-Post-Verteidigung, ebenso Horace Grant von Orlando Magic und A.C. Green von den Phoenix Suns.

David Robinson von den San Antonio Spurs in Abwehrstellung zwischen Charles Barkley von den Phoenix Suns und dem Korb.

Die üblichsten Formen der Verteidigung

MANNDECKUNG Das ist die einzige Form der Verteidigung, die in der NBA erlaubt ist. Sie wird auch in allen anderen Spielklassen gern praktiziert. Bei der Manndeckung ist jeder der fünf Verteidiger einem Angreifer zugeordnet.

Obwohl Verteidiger ihre Gegenspieler wechselseitig übernehmen können, ist jeder Spieler hauptsächlich für einen Gegner zuständig.

ZONENDECKUNG Es existieren verschiedene Arten der Zonendeckung. Obwohl die Zonendeckung gegen die Regeln der NBA verstößt, erfreut sie sich an der High-School und am College großer Beliebtheit.

Es wird dabei nicht ein einzelner Spieler bewacht, sondern jeder Spieler ist für einen bestimmten Raum oder eine Zone verantwortlich. Die häufigsten Zonendeckungen innerhalb einer Spielfeldhälfte sind folgende:

2-1-2-ZONE Bei dieser Verteidigung postieren sich zwei Spieler an der Freiwurflinie, einer in der Zone und jeweils einer rechts und links unter dem Korb.

Wie bei allen Zonendeckungen liegt der Sinn darin, immer mit zwei Verteidigern den ballführenden Spieler anzugreifen, wenn er sich in den Raum zwischen den beiden Verteidigern drängt. Die übrigen drei Spieler decken dabei den Rest der Spielfläche ab.

2-3-ZONE Zwei Spieler stehen in einiger Entfernung voneinander vor der Freiwurflinie. Die anderen drei Spieler verteilen sich über die Zone.

1-3-1-ZONE Ein Spieler steht vor oder an der »Birne«, drei weitere verteilen sich auf Höhe der Freiwurflinie, der fünfte stellt sich unter dem Korb auf. Der vordere Verteidiger versucht, den ballführenden Spieler nach links oder rechts abzudrängen. Wenn dieser Spieler sich zum Korb bewegt, kommt der nächststehende Verteidiger hinzu, um mit dem ersten zu doppeln.

2-2-1-ZONENPRESSE Diese Form der Verteidigung wird normalerweise über die gesamte Fläche des Spielfelds angewandt. Die Verteidigungsaufstellung beginnt dabei sofort nach einem eigenen Korberfolg.

Auch hier ist der Schlüssel zum Erfolg, die angreifenden Spieler in Fallen bzw. in Positionen zu locken, wo sie gedoppelt werden können, während die anderen drei Spieler den Rest des Spielfelds abdecken.

Gleitschritte 1

Eine der am häufigsten angewendeten Einzelübungen ist das Seitwärtsgleiten.

Gehe dazu in die Abwehrgrundstellung und halte den Kopf hoch. Stelle dich mit Blick zum Trainer in der Höhe der Freiwurflinie auf. Gleite nun in die Richtung, die der Trainer anzeigt. Vergiß dabei nicht, den Körper tief zu halten und die Füße nicht zu kreuzen. Versuche, die Beine beim Gleiten schulterbreit auseinander zu halten. Gleite nicht auf der ganzen Fußfläche, und berühre mit deinen Fersen nicht den Boden.

»Diese Übung verbessert nicht nur deine Gleittechnik, sondern sie fördert auch das Durchhaltevermögen«, bemerkt Chaney. »Es ist eben harte Arbeit, aber darum geht es ja in der Verteidigung.«

Gleitschritte 2

Eine andere Übung beinhaltet das Gleiten mit Richtungswechsel durch den Drop Step. Beginne in der Mitte auf dem Freiwurfkreis mit dem Rücken zum Korb. Gehe in die Abwehrstellung und beginne, nach links zur Ecke zu gleiten. Wenn du sie erreicht hast, dreh dich um den linken Fuß und gleite weiter gerade über den Platz. Nachdem du die nächste Ecke erreicht hast, drehst du dich um den rechten Fuß und gleitest zum Ausgangspunkt zurück.

Diese Übung hilft dir nicht nur, den Richtungswechsel zu beherrschen, sondern du tust auch etwas für deine Kondition.

Einzelübungen

Transition Defense

Eine von Don Chaneys beliebtesten Team-übungen wird von zehn Spielern ausgeführt. Zur Transition Defense kommt es dann, wenn ein oder mehrere Angreifer bei einem schnellen Gegenstoß die Abwehr überholen, was einen Vorteil für das angreifende Team bedeutet. Dabei kann es sich zum Beispiel um einen Zwei-gegen-einen-Gegenstoß handeln: Zwei Angreifer spielen gegen einen Verteidiger.

Um die Transition Defense zu trainieren, stellen sich fünf Verteidiger mit dem Blick zum Korb auf der Höhe der Freiwurflinie auf. Ihnen gegenüber stellen sich die fünf Angreifer auf, den Blick zu dem auf der anderen Seite liegenden Korb gerichtet.

Der Trainer oder ein weiterer Spieler stellen sich hinter die Verteidiger und werfen einem Angreifer den Ball zu. Der diesem gegenüberstehende Verteidiger läuft daraufhin an dem ballbesitzenden Spieler vorbei zur nächsten Grundlinie. Er berührt diese und läuft zurück ins Spiel. Sobald der Offensivspieler den Ball empfangen hat, läuft das gesamte Angriffsteam das Spielfeld hinunter und versucht, einen Korb zu erzielen.

Die Situation ergibt eine Fünf-zu-vier-Überlegenheit der Offensivmannschaft. Der Spieler, der zur Grundlinie laufen mußte, läuft so schnell es geht zum Spiel zurück, um eingreifen zu können. Er muß den ungedeckten Spieler finden, um zu verhindern, daß die Offensivmannschaft einen leichten Korb erzielt.

»Ein wichtiger Punkt in der Transition Defense ist es, vor dem Ball zu sein«, sagt Chaney. »Auch wenn dein Gegenspieler hinter dem ballführenden Spieler herläuft, versuche trotzdem, zwischen den Ball und den Korb zu kommen. Dann kannst du nicht nur deinen Gegenspieler im Auge behalten, sondern auch deinen Mitspielern aushelfen.«

Abwehr des Zuspiels

Diese Übung trainiert das Abwehrverhalten gegen einen Spieler ohne Ball. Der Trainer steht am Freiwurfkreis. Ein Verteidiger und ein Angreifer beginnen jeweils auf einer Seite des Korbes. Der Angreifer versucht, sich frei zu machen, um den Paß vom Trainer zu empfangen, während der Verteidiger das zu verhindern versucht.

Wenn der Angreifer den Ball bekommt, versucht der Verteidiger, durch gute Defense einen Korb zu verhindern. Diese Einer-gegen einen-Übung ist hilfreich für Verteidiger und Angreifer.

Falls er doch einen Paß bekommt, versuche, ihn vom Punkten abzuhalten.

Verhindere, daß dein Gegenspieler einen Paß annehmen kann.

Übung zum Switching

In dieser Übung stehen sich zwei Angreifer und zwei Verteidiger gegenüber. Ein Spieler befindet sich etwa 2 m vor der Freiwurflinie. Der andere Angreifer steht in der Nähe der Freiwurflinie.

Der vordere Verteidiger versucht, den ballführenden Spieler dazu zu bringen, sich in Richtung des Korbes zu bewegen. Wenn der Angreifer Rechtshänder ist, versucht er, ihn nach links zu drängen. Auf jeden Fall soll der Verteidiger den Angreifer dazu zwingen, zum Korb zu gehen. Während der Angreifer nach vorn drängt, schneidet ihm der andere Verteidiger den Weg ab, um ihn zu stoppen. Es kommt so zu einem wechselseitigen Übernehmen der Angreifer, zu einem Switch. Solange die Angreifer in Ballbesitz sind, setzen die Verteidiger ihre Defense fort.

Der Abwehrspieler des ballführenden Angreifers . . .

. . . zwingt ihn, zum Korb zu gehen.

Wenn sie am anderen Angreifer-Verteidiger-Paar vorbeilaufen . . .

. . . stoppt der zweite Verteidiger den ballführenden Spieler.

Der Weg zum Korb ist abgeschnitten.

Stehe auf den Fußballen bzw. dem vorderen Teil des Fußes.

Nimm die Füße schulterbreit auseinander.

Halte deinen Hintern tief.

Gehe leicht in die Knie und stehe niemals aufrecht.

Beobachte die Taille des Gegenspielers.

Halte eine Hand tief in der Nähe des Balles, die andere nach oben.

Kreuze beim Gleitschritt niemals die Beine, und gib acht, daß sich deine Füße nicht berühren.

Das Training

Vorherige Seite: **Latrell Sprewell von den Golden State Warriors bei seinen Aufwärmübungen.**

Derrick Coleman, der Forward der New Jersey Nets, bekommt bei seinen Dehnübungen Hilfe vom Trainer.

In guter körperlicher Verfassung zu sein ist für jeden Spieler extrem wichtig. Ob an der High-School, am College oder bei den Profis: Nicht einmal die besten Spieler könnten sich durchsetzen, wären sie nicht extrem fit.

Jedem, der in ein Trainingsprogramm einsteigen will, rät Al Vermeil, der Konditionstrainer der Chicago Bulls, sich erst einmal ärztlich untersuchen zu lassen: »Man könnte sich ja, ohne es zu wissen, in einem Zustand befinden, in dem ein Trainingsprogramm schädlich wäre. Also sollte man sich vorher immer bei einem guten Arzt einer gründlichen Untersuchung unterziehen.«

Vermeil ist der einzige Konditionstrainer, der sowohl einen Super Bowl als auch mehrere NBA-Meisterschaften gewonnen hat. Bevor er anfing, mit den Bulls zu arbeiten, verhalf er 1982 den San Francisco 49ers zum Gewinn der Football-Meisterschaft.

Obwohl sein Erfolgsrezept »Success through training« (Erfolg durch Training) für professionelle Spieler konzipiert ist, können viele seiner Prinzipien auch von Anfängern angewandt werden. Der Schlüssel des Erfolgs ist aber stets eine korrekte Ausführung der Übungen.

Nach Vermeil müssen erfolgreiche Spieler jeder Sportart ihre Kraft und Schnelligkeit verbessern. Anfänger sollten nur Übungen machen, bei denen sie ihr Körpergewicht einsetzen können. Jeder Spieler sollte sich gut aufwärmen und die Muskulatur dehnen, bevor er mit dem Training oder dem Spiel beginnt.

Aufwärmen

»Das Aufwärmen sollte die Körpertemperatur erhöhen«, sagt Vermeil. »Mit anderen Worten: Man sollte anfangen, ein wenig zu schwitzen. Eine Möglichkeit ist ein leichter Lauf über 400 m, um die Muskulatur zu lockern.«

In einer Sporthalle entspricht das etwa einem langsamen Lauf von etwa vier oder fünf Minuten um das Spielfeld herum. Vermeils Success-through-training-Programm beinhaltet mindestens vier Übungen vor, die nach dem Laufen verschiedene Muskelgruppen aufwärmen. Diese sind:

DIE ZEHEN-HOCH-ÜBUNG Ziehe die Zehenspitzen nach oben und gehe auf den Fersen. Spanne den vorderen Schienbeinmuskel an. Das lockert und wärmt diese Muskulatur. Wie auch bei allen anderen Aufwärmübungen solltest du so etwa 10 m zurücklegen. Diese Übung in ruhigem Tempo viermal wiederholen.

Mache nach dem Laufen die Zehen-hoch-Übung.

Gehe etwa 10 m auf den Fersen.

HÜPFEN   Um gut laufen und springen zu können, mußt du die Füße schnell vom Boden wegbringen. Das Hüpfen hilft, diese Bewegung zu entwickeln.

SEITSCHRITT   Diese Übung ähnelt dem Gleitschritt bei der Verteidigung. Der Unterschied liegt darin, daß die Arme während des Gleitens vor dem Körper schwingen. Bringe die Füße nah zusammen, ohne sie aber zu überkreuzen.

RÜCKWÄRTSLAUFEN   Vermeil weist darauf hin, daß es sich hier nicht nur um ein einfaches Rückwärtslaufen handelt. Laufe in einem langsamen Tempo rückwärts, aber ziehe dabei deine Füße weit nach hinten hoch.

Stretching

Jedes gute Programm enthält einige durchdachte Dehnübungen. Sie sollten angenehm auszuführen sein. Es dürfen bei der Ausführung keine Schmerzen oder andere Probleme auftreten.

Vermeil empfiehlt allen Athleten fünf Grunddehnungen. Jede dient zur Lockerung eines bestimmten Körperteils. Dehnübungen beugen vor allem Muskelverletzungen vor. Nach Vermeil sollten Spieler vor und nach dem Training oder dem Spiel Dehnübungen ausführen.

DIE KNIESEHNE   Lege dich mit dem Rücken auf den Boden. Beuge das rechte Bein ein wenig an und setze den Fuß auf den Boden. Halte das linke Bein gestreckt und bringe es nach oben in Richtung deines Körpers. Halte dann das Bein mit beiden Händen fest. Führe die Bewegung langsam aus.

Dehnen der Kniesehne.

Dehnen der Leistenmuskulatur.

DIE LEISTE Sie ist der Innenbereich des obersten Abschnitts der Beine. Setze dich auf den Boden, beuge die Knie nach außen und bringe beide Fußsohlen aneinander. Bewege die Knie nach unten in Richtung Boden.

GROSSE OBERSCHENKELMUS-KULATUR Das ist die Muskulatur auf der vorderen Oberschenkelseite oberhalb des Knies. Lege dich mit dem Bauch auf den Boden und spreize leicht die Beine. Beuge das rechte Knie zurück. Greife mit der rechten Hand nach hinten und führe nun das Bein in Richtung Rücken. Wiederhole die Übung mit dem linken Bein.

DIE WADE Stell dich mit Blick zur Wand auf. Lehne dich nach vorn und stütze dich mit beiden Händen gegen die Wand. Stell den linken Fuß etwa um Schulterlänge vor den rechten Fuß. Die Ferse des linken Fußes soll leicht vom Boden abgehoben werden. Halte den rechten Fuß flach auf dem Boden und lehn dich nach vorn. Das dehnt die Wadenmuskulatur.

Um die Achillessehne zu dehnen, hebe in der gleichen Position die rechte Ferse an und beuge das rechte Knie leicht. Wiederhole die Dehnung auf der linken Seite.

GELENKE Drehe den Kopf zur Seite, um die Nackenmuskulatur zu lockern. Bewege mit den Händen in den Hüften den Oberkörper in kreisenden Bewegungen, um die Hüftmuskulatur zu lockern. Bewege die ausgestreckten Arme in großen Kreisen. Wiederhole diese Bewegung mit den Hand- und Fußgelenken.

Um die Kniemuskulatur zu lockern, stelle deine Füße etwa schulterbreit auseinander. Während die Füße am Boden bleiben, bewegst du kreisförmig die Knie.

Dehnen der Oberschenkelmuskulatur.

Dehnen der Wadenmuskulatur.

Konditionsübungen

Nachdem du dich jetzt aufgewärmt und gut gedehnt hast, ist es Zeit für das Spiel oder für einige Konditionsübungen. Vermeil weist darauf hin, daß junge Spieler bei Kraftübungen nur ihr Körpergewicht benützen sollten. Anstatt mit Gewichten oder Kraftmaschinen zu trainieren, versuche die folgenden Übungen. Wenn du Fortschritte gemacht hast, verlängere die Übungen einfach.

KLIMMZÜGE Dazu brauchst du eine Stange, die fest oberhalb deines Kopfes angebracht und mindestens so breit ist wie deine Schultern.
Greife mit den Händen die Stange so, daß du deine Handflächen sehen kannst, und ziehe dich nach oben, bis deine Wangen die Höhe der Stange erreicht haben. Falls es dir zu schwer fällt, lasse dir von jemandem helfen. Anfänger sollten beim Hochziehen unterstützt werden, dann können sie sich auf das langsame Ablassen des Körpers konzentrieren und somit Muskulatur aufbauen.

LIEGESTÜTZEN Beginne auf dem Boden liegend, die Beine leicht gegrätscht.
Stemme dich nach oben ab, wobei die Arme etwa schulterbreit auseinander sein sollten. Die Fersen sollten nach oben zeigen, während die Zehen den Körper halten. Halte den Rücken gerade. Stemme dich nach oben, und lasse dich langsam wieder herunter, ohne jedoch den Boden zu berühren.
Wiederhole die Übung mehrmals.

KNIEBEUGEN Diese Übung dient der Kräftigung der gesamten vorderen Oberschenkelmuskulatur.
Drehe die Zehen etwas nach außen. Die Füße sollten höchstens schulterbreit auseinander stehen.
Mit den Händen in der Hüfte, dem Gewicht

auf den Fersen und einem geraden Rücken gehst du jetzt gerade nach unten und wieder nach oben.
Führe diese Übung langsam und kontrolliert durch.

SIT-UPS   Beginne mit dem Rücken auf dem Boden liegend, die Beine etwas auseinander. Beuge die Knie leicht an und stelle die Füße flach auf den Boden. Lege deine rechte Hand auf die linke Schulter und die linke Hand auf die rechte Schulter. Stemme den Oberkörper nun vom Boden ab in Richtung der Knie.

Komme nicht ganz nach oben, sondern nur etwa ein Drittel der Strecke vom Boden zu den Knien.

Laufen

Beim Lauftraining wird mit kurzen Strecken begonnen und dann gesteigert. Vermeil schlägt eine Strecke von etwa 40 m vor, die nur wenig unterhalb der maximalen Geschwindigkeit gelaufen werden sollte. Laufe diese Strecke, so oft du kannst, ohne dich übermäßig anzustrengen. Einige Trainer schlagen vor, einen Tag Sprints bzw. kurze Strecken von etwa 40 m und am nächsten Tag längere Strecken zu laufen.

»Überanstrenge dich beim Laufen nicht«, rät Vermeil. »Wenn es dich zu sehr anstrengt, laufe langsamer.«

Beim Laufen etwas unterhalb der maximalen Geschwindigkeit wird der Körper daran gewöhnt, sich schnell zu bewegen und dennoch entspannt zu bleiben.

Dies sind einige grundlegende Bausteine für ein komplettes Trainingsprogramm.

Da Spieler auf verschiedenem Leistungsniveau eine unterschiedliche Vorbereitung brauchen, ist es ratsam, einen längerfristigen Trainingsplan mit einem Trainer abzusprechen.

Spielregeln

Um ein reguläres Spiel zu starten, muß jede Mannschaft fünf Spieler auf dem Feld haben. Meistens besteht ein Team aus zwei Guards, zwei Forwards und einem Center. Trainer und Auswechselspieler dürfen sich während des laufenden Spiels zu keiner Zeit auf dem Spielfeld befinden. Allerdings dürfen sie bei einer Auszeit das Spielfeld betreten.

Sobald die Spieler spielbereit auf dem Feld stehen, müssen einige wichtige Spielregeln befolgt werden.

Der Point Guard der Golden States, Tim Hardaway, hat den Ball durchs Dribbeln unter Kontrolle.

Auf High-School-, College- und auf NBA-Niveau sind die Grundregeln die gleichen. Aber es gibt doch ein paar Unterschiede. Im College und in der NBA gibt es Zeitregeln für einen abgeschlossenen Angriff. Im College hat man dabei 35 Sekunden Zeit, während ein Angriff in der NBA nach 24 Sekunden abgeschlossen sein muß. Wenn die angreifende Mannschaft in dieser Zeit nicht wenigstens den Ring trifft, bekommt die gegnerische Mannschaft den Ball.

Die Spieldauer ist je nach Liga unterschiedlich. In der High-School werden vier Viertel mit jeweils acht Minuten gespielt. Im College gibt es zwei Hälften, die jeweils zwanzig Minuten dauern, während in der NBA vier Viertel mit jeweils zwölf Minuten gespielt werden. Im Jugendbereich werden teilweise vier Viertel mit jeweils sechs Minuten gespielt.

Im Frauenbasketball gelten einige besondere Regeln. Zum Beispiel ist der Ball leichter, und das Angriffszeitlimit liegt bei dreißig Sekunden.

Auch die Spielfeldgröße variiert je nach Spielklasse. Die Körbe jedoch hängen alle in einer Höhe von 3,05 m (10 Feet), und die Freiwurflinie ist immer 4,5 m (15 Feet) von der Vorderkante des Korbs entfernt.

Je nach Spielklasse sind bis zu drei Schiedsrichter am Spiel beteiligt. Sie benützen Trillerpfeifen, um das Spiel wegen Fouls oder anderer Regelverstöße zu unterbrechen. Schiedsrichter müssen die Einhaltung der Regeln überwachen. Folgende Regeln sind für alle regulären Spiele gültig:

AUS Jeder Ort auf oder jenseits der Spielfeldbegrenzung ist das Aus. Berührt ein Ball die Linie, wird der Ball Aus gegeben. Berührt ein Spieler von Team A den Ball, bevor er ins Aus geht, bekommt Team B den Ball. Angreifer dürfen sich nicht im Aus »verstecken«. Sie dürfen auch nicht ins Aus und dann wieder aufs Feld laufen, um eine bessere Wurfposition zu erreichen.

CHARGING (STÜRMERFOUL)

Dieses Foul wird gepfiffen, wenn ein Angreifer (meist der Spieler in Ballbesitz) in einen Verteidiger läuft, der sich in einer korrekten Abwehrstellung befindet.

DISQUALIFIKATION

Ein Spieler wird vom Spiel ausgeschlossen, wenn er sein fünftes Foul begangen hat. Diese Regelung gilt für die High-School und das College. In der NBA erfolgt der Ausschluß nach sechs Fouls. Spieler, aber auch Coachs können aus verschiedenen Gründen vom Spiel ausgeschlossen werden, etwa wegen tätlichen Angriffs oder Schiedsrichterbeleidigung.

DREI-SEKUNDEN-REGEL

Ein Spieler der angreifenden Mannschaft darf sich, auch mit einzelnen Körperteilen, nicht länger als drei Sekunden in der Freiwurfzone aufhalten. Die Zone erstreckt sich von der Grundlinie unter dem Korb bis zur Freiwurflinie und ist etwa 3,65 m (12 Feet) breit.

FALSCHES DRIBBLING

Beim Dribbling darf jeweils nur jeweils eine Hand benützt werden. Der Ball darf nicht getragen werden. Um sich vor dieser Regelverletzung zu schützen, ist es ratsam, die Handflächen immer in Richtung Boden zeigen zu lassen. Das Tragen des Balles wird auch als »Palming« bezeichnet.

FOUL

Ein nicht regelgerechter Körperkontakt zweier Spieler ist ein Foul. Es gibt verschiedene Arten von Fouls. Einige dieser Fouls ziehen Freiwürfe für den gefoulten Spieler nach sich. Wenn ein Spieler im Wurf gefoult wird und der Ball in den Korb geht, erhält er einen Freiwurf und die zwei oder drei Punkte für den Korb. Wenn der eigentliche Wurf nicht erfolgreich war, bekommt der Spieler zwei oder drei Freiwürfe.

Wurde das Foul nicht beim Wurf begangen,

Glen Rice von Miami Heat behauptet sich gegen einen Abwehrversuch.

kann es zur Eins-und-eins-Regelung kommen. Dabei bekommt der Spieler nur dann einen zweiten Freiwurf, wenn er den ersten trifft.

FOUL TROUBLE

Spieler und Mannschaften können in »Foul Trouble« kommen. Wenn ein Spieler innerhalb eines Spiels in der High School oder im College fünf Fouls oder in der NBA sechs Fouls begeht, wird er vom Spiel ausgeschlossen. Hat ein Team in einer Spielhälfte mehr als sechs Fouls begangen, bekommt die gegnerische Mannschaft bei jedem weiteren Foul in dieser Spielhälfte einen Eins-und-eins-Freiwurf.

FÜNF-SEKUNDEN-REGEL Um den Ball vom Aus wieder ins Spiel zu bringen, hat der im Aus stehende Spieler fünf Sekunden Zeit, den Ball zu einem Mitspieler auf dem Feld zu passen.

GOALTENDING Es dürfen keine Würfe, die sich in der Abwärtsbewegung befinden, abgewehrt werden. Würfe dürfen nur in der Aufwärtsbewegung geblockt werden. Wird der Ball in der Abwärtsbewegung abgewehrt, vom Ring weggeschlagen oder im Bereich unmittelbar über dem Ring berührt, zählt das zwei Punkte, als wäre der Ball in den Korb gegangen. Wenn ein angreifender Spieler den Ball in einer dieser Situationen berührt, wird ein daraus entstehender Korb nicht gewertet, der Ballbesitz wechselt.

LANE VIOLATION Wenn ein Freiwurf ausgeführt wird, darf kein Spieler die Zone betreten, bis der Ball den Ring berührt. Dieser Regelverstoß zieht einen weiteren Freiwurf nach sich, oder der Ball geht an die gegnerische Mannschaft über.

OFFENSIVFOUL Charging, wie oben beschrieben, ist ein Offensivfoul. Als solches zählt auch, wenn der Blocksteller den Verteidiger, der ausweichen will, dadurch behindert, daß er sich bewegt (Moving Pick).

SCHRITTE Wenn man ohne zu dribbeln mehr als eineinhalb Schritte macht, wird das als »Schritte« abgepfiffen, und die gegnerische Mannschaft bekommt den Ball. Es ist außerdem nicht erlaubt, nach dem Abstoppen des Dribblings das Standbein zu wechseln oder von der Stelle zu bewegen.

TECHNISCHES FOUL Es gibt viele Gründe, ein technisches Foul zu verhängen, etwa Schiedsrichterbeleidigung, Tätlichkeiten, zu viele Spieler auf dem Feld, das Werfen des Balls gegen einen anderen Spieler oder das absichtliche Wegschießen des Balls.

ZEHN-SEKUNDEN-REGEL Die Mittellinie teilt das Spielfeld genau in der Mitte. Diese Linie wird auch die Half-Court-Linie oder Zehn-Sekunden-Linie genannt. Nach Erhalt des Balls in der eigenen Hälfte hat die angreifende Mannschaft zehn Sekunden Zeit, den Ball über diese Linie zu spielen.

Glossar

Air Ball: Ein Wurf, der den Ring nicht trifft.

Assist: Ein Paß zu einem Mitspieler, aus dem ein Korb resultiert.

Backboard: Das Brett, an dem der Korb befestigt ist.

Baseline: Auch Grundlinie. Sie befindet sich an beiden Spielfeldenden unter dem Korb.

Basket: Der Korb besteht aus dem Ring und dem Netz.

Defense: Das Team ohne Ball.

Double Team: Wenn zwei Spieler der gleichen Mannschaft einen gegnerischen Angreifer gleichzeitig bedrängen, nennt man das »Double Team«. Wenn zwei Spieler einen Offensivspieler in einer Ecke decken, nennt man das »Trap« (Falle).

Dribbling: Den Vorgang, bei dem der Ball auf den Boden geprellt wird, nennt man Dribbling. Der ballführende Angreifer nützt das Dribbling, um sich über das Spielfeld zu bewegen.

Fast Break: Der schnelle Vorstoß einer angreifenden Mannschaft in Richtung Korb, durch den sie hofft, die Verteidigung zu überlaufen und einen Korb zu erzielen, wird Fast Break genannt.

Jump Ball: Mit dem Sprungball wird das Spiel eröffnet. Ein Schiedsrichter wirft den Ball zwischen zwei gegnerischen Spielern senkrecht nach oben. Während eines Spiels wird ein Sprungball dann gegeben, wenn zwei gegnerische Spieler gleichzeitig den Ball ergreifen. Während eines Sprungballs dürfen die Spieler den Ball erst berühren, wenn er von dem Schiedsrichter nach oben geworfen wurde. Sie müssen ihn zu einem Mannschaftskameraden lenken, der ihn dann unter seine Kontrolle bringen kann.

Key: Das ist der Raum, der aus der Zone und dem Freiwurfkreis gebildet wird.

Lane: Der Raum, der sich von der Grundlinie zur Freiwurflinie erstreckt; wird als Zone bezeichnet. Er ist etwa 3,65 m (12 Feet) breit und wird auch »Paint« genannt.

Offense: Das Team in Ballbesitz.

Officials: Schiedsrichter. Sie überwachen die Einhaltung der Spielregeln.

Strong Side: Die Seite der Spielfläche, in der sich der Ball befindet. Wird der Ball auf die andere Seite der Spielfläche gebracht, wird diese zur Strong Side.

Transition: Wenn ein Team vom Angriff in die Verteidigung oder von der Verteidigung zum Angriff wechselt, während der Ball zügig in Richtung gegnerischer Korb gespielt wird.

Triple-Double: Wenn ein Spieler in drei von fünf Offensivkategorien – Körbe, Assists, geblockte Schüsse, abgenommene Bälle, Rebounds – jeweils zweistellige Zahlen erreicht, dann hat er einen Triple-Double.

Turnover: Wenn die angreifende Mannschaft den Ball aus irgendwelchen Gründen an das abwehrende Team verliert.

Weak Side: Die Seite des Spielfelds ohne Ball.

DANKSAGUNG

Mein besonderer Dank gilt Carol Blazejowski von NBA Properties Inc., die einen unschätzbaren Beitrag zu diesem Buch geleistet hat; ihre Führung, Tatkraft und Begeisterung brachten das Ganze zusammen. Dank an Carmine Romanelli, Lou Capozzola, Marc Hersheimer, Marc Seigerman, Joe Amati und Steve Freeman von NBA Photos für die perfekten Fotos, die sie für unser Buch geschossen haben. Dank auch an ihre Fotomodelle Damir Ramdedovic, Melvin Maclin, Kimberly Lizanich, Gina Servideo, Tifannie Smith, Leslie Cheteyan und Michael Cassidy für ihre Geduld und Begeisterung. Danken möchte ich schließlich Alex Sachare von der NBA für seine redaktionelle Mitwirkung.

BILDNACHWEISE

Register